나는 어떤 사람에게
돌봄을 받고 싶은가?

나는 어떤 사람에게
돌봄을 받고 싶은가?

초판 1쇄 발행일 2023년 9월 22일
초판 2쇄 발행일 2023년 11월 28일

지은이 김은옥
펴낸이 양옥매
디자인 표지혜 송다희
교　정 조준경
마케팅 송용호

펴낸곳 도서출판 책과나무
출판등록 제2012-000376
주소 서울특별시 마포구 방울내로 79 이노빌딩 302호
대표전화 02.372.1537　**팩스** 02.372.1538
이메일 booknamu2007@naver.com
홈페이지 www.booknamu.com
ISBN 979-11-6752-355-6 (03330)

나는
어떤 사람에게

돌봄을
받고 싶은가?

김은옥 · 지음

책과나무

프롤로그

우리는 누구나 노인이 된다

방문요양센터에서 사회복지사로 몸담으면서 나는 기쁨, 슬픔, 아픔, 행복 등 다양한 감정에 부딪히며 7년이라는 세월을 보내왔다. 어떻게 보면 짧기도 길기도 한 7년이라는 시간 속에서 나와 인연이 되었던 어르신들과 요양보호사님들은 나에게 모두 스승이나 다름없었다. 그분들과 인연이 되어 다양한 감정을 공유하고 삶을 함께하면서 나는 몇 단계나 더 성장한 나를 발견하게 된다.

때로는 갈등을 겪고 수많은 아픔도 있었지만 그 모든 것도 나에게는 나를 성장시킬 수 있었던 훌륭한 가르침이자 밑거름이 되었다. 그분들의 삶에 뛰어들어 모든 것을 함께하면서 나는 앞으로 어떤 삶을 살아야 하는지, 삶의 가치를 어떤 방향으로 지향해야 할지 고민하고 성찰하게 되는 귀한 깨달음을 얻게 되었기 때문이다.

거의 매일을 어르신들을 만나면서 정말 매스미디어에서 나올 법한 지독히도 열악한 수많은 사례들을 접하곤 하였다. 지역사회 내에서 어떻게 이 정도로 방치되고 열악한 환경에서 고통받고 있는 분들이 이렇게 많단 말인가!

너무 많은 가족적인 문제가 얽힌 분들은 정말이지 1년 동안 가족은커녕 이웃 한 명 찾아오지 않았다. 나와 요양보호사님만이 그분들을 찾아가니 어르신들도 우리만 간절하게 기다리고 있을 정도였다. 문제는 요양이 없는 주말 동안은 대화 한번 하지 못하고 감옥처럼 집에서 갇혀 있는 분들이 너무 많다는 사실이다.

이러한 노인 1인 가구가 급격하게 늘어나고 있고 아픈 몸으로 인해 외출조차 하지 못하고 갇혀 지내는 분들을 보면서 나와 요양보호사님들은 크나큰 책임감을 갖게 된다. 쉬는 주말에도 밤에 잠을 잘 때에도 머릿속에는 온통 어떻게 하면 어르신의 삶의 질을 개선시킬 수 있을지 고민하느라 밤잠을 설칠 때도 있다.

그렇게 지내다 보니 나만 알고 지내기에는 너무나 아름다운 사연, 가슴 아픈 사연, 분노했던 사연 등이 하나둘씩 차곡차곡 쌓이게 되었고, 이런 사연들을 블로그에 올리기 시작하였다. 어르신들과 요양보호사님들을 관리하면서 또는 보호자들과 소통하면서 생길 수 있는 문제점과 개선되면 좋을 점 등에 대한 생각을 나름대로 정리하고 의견을 제시하고 싶었다.

이는 누구를 비난하고 비판하려는 것이 아니라, 노인 케어를 위해 모인 모든 구성원들이 서로 존중하고 결점을 개선해 나가는 데 도움이 되었으면 좋겠다는 것이 궁극적인 목적이다. 장기요양제도 안에서 모든 구성원은 동등한 관계에서 서로를 존중하는 마음을 가져야 한다. 누가 갑이 되고 을이 되어서는 이 제도가 앞으로 더 발전되기는 어려울 것이다. 나는 항상 소망한다. 세계 그 어떤 나라도 아닌 대한민국이 노인 케어에 있어서 최고가 되길….

나의 에피소드 중에는 치매 어르신에 대한 이야기가 많다. 내가 현장에서 경험한 어르신들 중에서 치매 환자가 상당한 부분을 차지하고 있었고, 그 발생 위험성이 잠재된 분들도 많았다. 그리고 신체적으로 질병을 갖고 계신 분보다 치매 환자들을 돌보기가 더 힘들었다.

치매 상태에 비해 신체적으로는 비교적 양호한 어르신들의 경우, 자신의 상태를 잘 인지하지 못하기 때문에 자신을 도와주기 위해 방문하는 사람들에게 비우호적이고 때로는 거부감이 상상을 초월한다. 이런 문제로 10년 이상의 베테랑 요양보호사님들도 치매 어르신은 늘 케어하기 힘든 대상자라고 말씀하신다.

내가 현장에서 수많은 치매 어르신들을 경험하면서 얻은 결론은 이렇다. 치매 환자에 있어 케어의 규칙은 있지만 정답은 없다는 것이다. 치매 어르신들은 감정과 행동의 변화가 본인의 타고난 성향, 성격, 치매상태와 외부의 환경적 변수에 따라 시시각각 다르고, 그에 따라 우리가 대응해야 할 행동도 다 다르다.

한 어르신에게 어제는 이런 방법을 해서 괜찮았는데 오늘은 또 다를 수 있다. A라는 분께는 이런 방법을 적용해 보니 괜찮았는데, B라는 분께는 같은 방법으로는 통하지 않는 경우가 있을 수 있다. 결국 치매 케어는 케어하는 사람의 개인 역량이 가장 큰 변수가 된다. 이를 위해 치매 환자의 비언어적 · 언어적 표현과 감정적 변화를 빠르게 파악해서 민첩하게 대응해야 하는데, 이것은 비단 교육만으로는 되지 않았다. 그 사람의 타고난 인성과 상대방의 감정을 민첩하게 파악할 수 있는 개인적 능력이 가장 중요하였다.

또한 요양보호사를 양성하는 핵심기관인 요양보호사교육원에서 피상적인 합격에 치우친 교육보다는 실제적인 사례를 설명할 수 있고 노인인권이라는 높은 철학적 이념을 갖춘 질 높은 강사들의 질 높은 강의가 뒷받침된다면, 개인의 역량을 늘리는

데 큰 도움이 될 것이다.

또 한 가지, 우리는 치매 어르신에게 늘 져야 한다. 치매 케어에 있어서 가장 중요한 것은 어르신께 항상 져 줘야 한다는 것이다. 그분들을 가르치려거나 이기려 하지 말고, 늘 승자가 아닌 패자가 되어야만 한다. 그분들을 이기려는 순간, 어르신들의 감정과 자존심은 상처를 입게 되고 이는 큰 행동 변화를 일으킬 수 있기 때문이다.

그리고 치매에 대한 정확하지 않은 사실과 잘못된 편견이 만연한 사회가 치매 노인의 인권을 얼마나 침해하고 있는지 우리는 고민해 봐야 한다. 우리는 누구나 노인이 되고, 또 언제든 치매 환자가 될 수 있기 때문이다.

사회복지와 관련된 수많은 서적들을 보면서 또는 학식과 경력이 뛰어난 저자분들을 보면서 나의 이 비루하고 보잘것없는 글과 생각들이 과연 얼마나 많은 분들께 도움이 될까 하는 생각에 한없이 작아진다. 그러나 내가 경험하고 고민했던 문제들을 또 다른 누군가도 고민할 수도 있겠다는 생각이 들었고, 나의 글로 인해 그분들이 자신만의 문제가 아닌 것에 공감하고 이해할 수 있으면 그것만으로도 감사하다는 생각이 들었다.

나의 책이 발간되기까지 나에게 아낌없는 격려를 해 주었던 사랑하는 남편 신광보 님과 나의 딸들 윤지, 수지에게 감사함을 전하고 싶다.

또한 나를 사회복지사의 길로 들어설 수 있도록 직원으로 채용해 주시고 항상 무한한 신뢰와 자율성으로 지지해 주신 존경하는 최지혜 전도사님께 그 감사함을 전하고 싶다. 나의 글에 도움이 되고자 바쁜 시간 속에서도 자신의 생각과 의견이라는 소중한 글을 나에게 보내 주신 존경하는 요양보호사님들께도 감사하다.

사회복지사로서 갖추어야 할 덕목인 의를 중요시하고 불의와 타협하지 않는 성품, 소외계층을 사랑하는 마음이라는 유전적 DNA를 나에게 물려주고 나의 인생에 있어 지대한 영향을 주신 돌아가신 친정어머니 송경남 여사님에게 감사함을 전하고 싶다.

마지막으로 하나님께 감사드리며, 이 글을 읽으시는 모든 분들이 행복하고 건강하시길 기도드리고 싶다.

2023년 여름

김은옥

C·O·N·T·E·N·T·S

제2장

우리 모두가 알아야 할 방문요양 이야기

제3장

요양보호사의 권리와 의무에 대하여

제4장

간병의 짐을 지고 계신 보호자분들께

제1장

마음을 열게 해 준 진실된 케어

신장투석을 받은 어르신과 진실된 케어

약 2년 전쯤, 신장투석을 받드시던 남자 어르신이 계셨다. 결국 오랜 신장투석으로 결국에는 돌아가시게 되었지만, 기억에 남는 분이었다.

신장투석을 위해 병원에 내원해야 하는데 고령의 아내분이 해 주시기엔 역부족이어서 우리 센터와 계약을 하게 되었다. 신장투식을 위해 병원에 모셔다드리고, 또 끝나면 모시고 온 후 집 안 정리정돈과 청소가 주요 요청 내용이었다.

그런데 그러려면 하루에 2번의 요양이 필요했고, 이를 위해서는 2번의 요양 사이에 2시간의 간격을 두어야 했다. 집에서 병원에 모셔다드리는 시간 90분, 그사이의 2시간을 쉬었다가 병원에서 집까지 모시고 와서 일하는 시간 90분, 이런 식으로 말이다. 그런데 이렇게 일해 주시려는 요양보호사님들이 얼마나 계실까?

정말 감사하게도 흔쾌히 허락해 주신 요양보호사선생님이 계셨는데, 교사로 퇴직을 하신 선생님이었다. 마침 아버님의 아파트 단지에서 가까운 곳에서 살고 계셨던 선생님이라서 가능했지만, 그보다는 선생님의 어르신들에 대한 애정과 철학이 있었기에 가능했다고 생각한다. 돈이나 자신의 이익만을 바라보는 분이었다면 불가능한 일이었을 것이다.

또 선생님은 품격과 교양이 있던 분이었고, 아버님께서도 석사학위까지 마친 지성적이고 학구적이고 문예에 조예가 깊은 분이었기에 두 분의 만남은 정말로 하늘이 정해 준 인연 같았다. 그렇게 선생님과 아버님, 아내분과 정말 좋은 인연으로 만나 귀한 시간과 추억을 보냈던 걸로 기억한다.

이런 선생님의 진실된 케어로 나는 아버님의 따님들께 감사하다는 말을 여러 번 들었는데, 이것은 나 때문이기보다는 선생님의 덕분이라고 말씀드렸다. 정말로 아버님과 아내분, 따님들의 인격이 너무 훌륭했고, 케어해 주신 선생님의 인격까지도 훌륭해서 기억에 많이 남는 사례였다.

참고

이 글을 읽는 분들은 절대로 몸에 좋다는 이유로 건강식품이나 칡즙, 영양즙, 과일즙, 산에서 채취한 식물을 함부로 드시지 않기를 바란다. 신장투석을 받기 전 아버님은 누가 몸에 좋다는 말을 들으면 이것저것 아무거나 드셨다고 한다. 그로 인해 신장에 무리가 왔고 점점 더 나빠져서 투석까지 받을 정도로 악화되었다는 것이다. 자신의 행동으로 인해 질병이 왔음을 많이 후회하셨다.

한약도 양약도 모든 약은 한의사나 의사의 전문적인 처방을 받은 후 드시길 바라고, 검증되지 않은 건강식품은 절대로 드시지 않기를 부탁하고 싶다. 5대 영양소가 충분히 반영된 음식으로 나의 몸을 건강하게 하는 것이 가장 바람직한 방법임을 알려 드리고 싶다.

훌륭한 인격의 어머니와 사회복지사 딸

우리 센터에서 남편을 가족요양하시는 요양보호사님이 계신다. 선생님을 만나게 된 것은 약 7년 전으로 거슬러 올라간다. 그때 선생님은 친정아버님을 자신의 집에서 가족요양으로 돌보고 있었다. 그때에도 선생님께서는 아버님을 얼마나 정성으로 돌보시는지….

씻겨 드리는 것, 드시는 음식도 꼼꼼하게 선별해서 만드시고, 음식 챙겨 드리는 것, 배변 등 어느 것 하나도 소홀하지 않은 것이 없었다. 나는 그런 모습을 보면서 나 자신을 반성해 보았다. 돌아가신 부모님께 내가 딸로서 얼마나 최선을 다했는지…. 그렇게 얼마 후 치매 환자였던 아버님은 돌아가시게 되어 선생님과의 만남은 종료되었다.

그런데 다시 우리 센터에 재입사하고 나서 2년 후에 남편을 가족요양하게 되어 또다시 인연이 된 것이다. 참 인연이라는 것은 이상스럽게 끝인가 싶으면 다시 만나게 된다. 이제는 시각장애를 갖고 계신 남편을 케어하게 된 것이다. 다시 방문하게 되어 만남을 갖게 되니 얼마나 기쁜지…. 이렇게 좋은 분과 또다시 인연이 된다는 것은 정말로 행복한 일이다.

역시 남편에 대한 돌봄도 정성 그 자체였다. 눈이 보이지 않아 세상과 단절되어 불안함과 자존감이 떨어진 남편을 선생님과 따님은 애정과 사랑을 갖고 돌봐 드리고 있었다. 선생님의 인품도 훌륭하지만 따님도 어쩌면 그렇게 훌륭한지 나는 정말 이분들을 존경할 수밖에 없었다.

따님도 사회복지사로 일했는데, 정말 환경이 열악한 곳에서 자라 비행에 빠져서 나쁜 길로 가고 있는 청소년들을 위해서 일하고 있었다. 그것도 무보수로 말이다. 다른 곳에서 훨씬 좋은 대우와 보수로 따님을 오라고 했지만, 그곳의 제의도 거절하고 오직 아이들을 위해 헌신하고 있었다. 열악하고 불행한 가정에서 태어난 게 죄가 되지 않도록 그 아이들이 바른길로 갈 수 있도록 아이들의 열악한 가정을 찾아다니며 어머니와 함께 청소와 밥도 해 주면서 말이다.

일각에서는 소외계층인 치매 노인이나 장애인이나 비행청소년과 같은 사람들에게 무슨 그런 정성이 필요하냐고 말하기도 하지만, 사회의 어두운 부분을 위해 누군가는 해야 할 일이고 그 사명을 갖고 우리 사회복지사들은 하루하루를 치열하게 살아가고 있다.

고쳐질 것 같지 않은 비행청소년을 위해서 긴 시간을 들여 헌신하는 것, 고집불통처럼 보이는 치매 노인을 위해 공감하고 인권을 지켜 주는 것, 사회에 많은 장벽을 안고 사는 장애인을 대변하는 일 등, 아무도 주목해 주지 않는 소외계층에게 희망을 주고 삶의 의욕을 주는 일이야말로 정말 소중한 일이라고 생각한다. 모든 사회 구성원들이 함께 행복을 느끼는 것, 그것이 우리가 지향하는 사명이다.

인격과 품성은 가정에서 교육되고 답습되는 것 같다. 나는 이 선생님, 남편, 따님의 언행을 보면서 이렇게 고매하고 품격 있는 분들을 배우기 위해서 노력한다. 세 분의 말투, 인상, 철학이 어쩌면 그렇게 닮아 있는지…. 품격 있는 부모를 보고 자란 자녀들은 그와 같아진다. 그것이 내가 본 진리였다.

화장실 변기 사용법을 잊어버린 어르신을 위해

내가 2016년쯤에 사회복지사 보수교육을 들었던 적이 있었다. 그때 모 요양원에서 교육을 위해서 파견 오신 강사님이 있었는데, 아직도 그분의 강의 내용을 잊을 수가 없다.

내용인즉, 그 요양원에 한 남자 어르신이 있었는데 그분의 문제점은 바로 배변 문제였다. 치매 환자였는데 화장실을 가면 변기 옆에 대변을 봤고, 그것이 어쩌다 한두 번이 아니라 계속 그런 상황이 되고 나니 요양원 직원분들에게도 힘든 대상자가 되고 말았던 것이었다.

그러던 중 그 원인을 찾기 위해서 사회복지사분들, 시설장님이 회의를 하였고, 혹시 이분이 화장실 사용법을 잊은 것은 아닌지 생각해 보았다고 하였다. 시골에서 자라신 노인분이고 옛날에는 재래식 화장실을 사용하였으니, 재래식 화장실처럼 양발을 디딜 수 있도록 양변기 위에 놓아 보자고 제안한 것이다. 그렇게 만들었더니, 그 후로는 그 위로 올라가서 변을 보더라는 것이었다.

치매 환자는 최근의 기억부터 잊어 가니, 노년기 이후부터 양변기를 사용했었던 어르신은 기억을 잃으면서 양변기의 사용법은 잊어버리고 과거에 사용했던 재래식 변기만 기억에 남아 있었던 것이다. 상황이 이러니 어르신께 양변기는 모르는 물건이 되어 버린 것이다.

내가 요즘 현장에서 많은 치매 어르신들을 만나면서 그때 그 강사님이 말했던 내용이 더욱더 가슴에 와 닿는다. 사회적 약자인 치매 어르신들을 대하는 그분들의 철학과 태도가 어르신의 삶과 인권을 어떻게 지켜 주었는지 나는 다시 한번 생각해 본다.

사회복지사란 직업, 어쩌면 이 사회에서 기득권 세력이 아닌 아웃사이더일 수도 있을 것이다. 고연봉인 직업도 아닌 사회적 약자를 옹호하고 대변하는 직업이니 어쩌면 우리도 소외직업일 수 있다. 하지만 나의 관심과 손길을 기다리고 있는 그분들을 생각하면 사회복지사란 직업에 회의를 느끼고 퇴직하고 싶은 마음이 들다가도 다시 접곤 한다.

요즘은 사이버나 학점은행제 같은 많은 교육기관에서 사회복지사를 쉽게 취득할 수 있다. 그러나 이 직업을 선택하기 전에 나의 철학과 인성, 가치가 어떤 것을 지향하고 있는지 충분히 성찰하고 시작하기 바란다. 타인을 이해하고 공감하고 그 아픔을 함께할 수 없는 사람들은 이 직업을 선택하지 않기를 바란다.

만일 경제적 취득이 목적이라면 다른 직업을 갖길 바라고 돈을 많이 벌 수 있는 사업을 했으면 한다. 만약 돈을 바라고 노인 관련 사업을 한다면 대상자인 노인을 한 인격이 아닌 돈으로 바라보게 될 것이며, 그렇게 되면 질적으로 아주 낮은 서비스를 받는 불행한 어르신들도 많아지고 심지어는 노인학대로 이어지는 일도 발생할 것이다.

양변기를 잊은 어르신이 저런 훌륭한 사회복지사 선생님과 시설장님을 만나게 된 것은 그분 인생에 있어 큰 행운이 아닐까 생각되었다.

요양보호사의 여름나기

이제 겨우 여름 진입인 7월 초인데 날씨가 더워도 너무 덥다. 어르신들 댁으로 모니터링 가는 날이면 햇볕이 너무 뜨거워 살이 타는 것만 같은 날씨가 계속된다. 그래도 사회복지사인 나는 어르신 댁을 방문하고 나면 시원한 차 안에서 있을 수 있지만, 요양보호사님들은 그렇지 못하다.

어르신들은 유독 추위를 타고 더위를 타지 않는 분들이 많다. 여자 어르신들은 더 그런데, 심지어는 이 더위에 창문까지 닫고 선풍기도 틀지 않는 분들이 많다. 나이가 들면 기초대사량이 적어지고 근육량과 활동량까지 감소하면서 더욱더 추위를 느끼는 모양이다. 또한 질병을 가진 분들이니 더 그렇다. 사정이 이러하니 에어컨은 상상할 수 없고, 선풍기 또한 틀 수 없는 것이 현장이다.

그리고 어르신들은 과거부터 절약하는 습관이 몸에 밴 분들이므로, 전기 낭비하는 것을 극도로 싫어한다. 이것도 에어컨이나 선풍기를 틀지 않는 이유가 된다. 아주 부유한 분들을 제외하고는 대부분의 노인들은 경제적으로 넉넉하지 않으므로,

한 푼이라도 아껴야 하는 현실이 또 그렇게 만드는 이유가 되기도 한다.

어르신들의 여러 가지 경제적 사정, 신체적 쇠약으로 추위를 느끼는 것 등의 사정을 잘 아시는 요양보호사님들이 선풍기나 에어컨을 틀어 달라고 말할 수 없는 이유인 것이다. 요양보호사님들은 대부분 자신이 케어하고 있는 어르신에 대해 애정을 갖고 있으므로, 그 아픔과 어려움을 함께하고 있다.

그래서 이 더운 극하고 열악한 환경에서도 묵묵히 일을 하고 있다. 오죽하면 우스갯소리로 더위를 많이 타는 분들은 요양보호사도 못해 먹겠다는 말도 있을까? 임대아파트나 개조되지 않은 열악한 주택은 또 얼마나 더운지 상상을 초월한다. 선생님들은 현장에서 어르신들을 위해서 얼굴이 빨갛게 되면서까지 이 극한 더위를 이겨 나가고 있다.

폭우에, 폭염에 현장에서 어르신들이 삶의 끈을 놓지 않도록 노력해 주시는 요양보호사님들께 그 감사함을 어떻게 표현할 수 있을까! 고학력자라고 해서, 고연봉자라고 해서, 화려한 직업이라고 해서 인격이 되지 않는 일부의 사람들을 전문가라고 부를 수 있을까? 아무도 알아주지 않아도 자신의 자리에서 묵묵히 노인들의 삶의 마지막 과정을 함께하는 요양보호사님들을 나는 전문가라고 부르고 싶다.

조현병 아들도 마음을 열게 해 준 요양보호사님

약 5년 전, 다리를 다친 후 퇴사하고 2019년 봄쯤에 나는 다시 우리 센터로 입사하게 되었다. 재입사하게 될지 예상하지 못했지만 다시 만나게 될 인연은 만나게 되기 마련인가 보다. 요양보호사분들 중에서는 특별한 분들이 몇 분 계시는데, 지금 이야기할 분은 정말 나에겐 특별한 분이다.

내가 퇴사 전에도 90이 넘으신 치매 어머니를 케어해 드렸는데, 어머니의 치매 증상이 너무 심해서 하루 종일 이불이며 벽이며 옷에 방바닥에 변을 묻히시는 분이었다. 치워도 묻히고 또 묻히고…. 사정이 그러하니 그것을 치우시는 선생님은 얼마나 힘들었겠는가! 당연히 냄새도 심했다. 그런 어머니에게 얼굴 한번 찡그리지 않고 다 치우고 어머니를 바라보는 눈빛도 그렇게 선할 수가 없었다.

또 한 달에 한 번 모니터링 가는 날이면 나는 어머니, 선생님과 함께 점심밥을 함께 먹곤 했다. 냄새가 심한 집이었지만 선생님과 나는 그 냄새가 고약하고 더럽다는 생각은 단 한 번도 해 본 적이 없었다. 오히려 그 시간은 참으로 행복한 시간이었다. 어머니께서 요양원에 입소하면서 우리 센터에서 퇴소하게 되었는데, 그 이후로도 선생님과 나는 가끔 요양원으로 어머니의 얼굴을 보러 다녔었다.

이런 마음 따뜻한 선생님을 재입사하게 되면서 다시 만나게 되었다. 그런데 참으로 이런 분은 이상하리만큼 어려운 대상자만을 만나는 것 같다. 또 한편으로는 이런 분이 아니면 까다롭고 힘들고 어려운 대상자를 누가 감당할 수 있을까? 선생님이 깊은 교회신자이므로 하나님께서 내려 주신 사명이라고밖에 설명할 수 없을 것 같다. 신은 그 일을 감당할 만한 사람에게 고난도 주신다. 그러기에 신은 선생님께 힘든 분들을 맡기신 것이다.

선생님이 맡게 된 어머니도 90이 넘은 치매 환자인데, 그보다 더 심각한 것은 어머니를 돌보는 아들이 조현병 환자였다는 점이었다. 조현병 환자가 90세가 넘은 어머니를 돌본다는 것이 일반인들은 이해할 수 없겠지만 사실이었다. 옛말에 병신자식이 효도한다는 말이 있었는데, 이 사례를 보고 나는 그 말이 가슴에 와 닿았다. 다른 아들들도 있었고 그들은 대기업 직원, 교사 등으로 살고 있었지만 정작 어머니를 모시는 것은 이 아들이었다.

일반인들은 이런 일들을 이해하기 힘들겠지만 나는 지독히도 상상할 수 없는 사례들을 많이 봐 왔으므로, 만약 이 아들이 아니면 어머니는 요양원에 갔을 것이고 그나마 옆에 이 아들이 있어 주어 자신의 집에서 기거할 수 있었다고 생각한다. 그렇게 두 분은 서로에게 의지하면서 지내고 있었다.

아드님의 의심증상과 저장강박증으로 집 안은 이미 곳곳에 쌓아 둔 쓰레기로 인한 냄새와 날파리로 가득했다. 방방마다 쓰레기를 쌓아 두고 선생님과 내가 사다 드리는 음식은 일체 드시지 않고 버렸다. 게다가 날파리가 너무 심해서 선생님과 나는 거실 · 주방 · 안방 · 베란다 등 집 전체에 약을 치고 벌레를 잡기를 반복하였다.

방문요양 현장에서는 이런 일들이 많다. 대상자만을 위해서 일을 하러 갔다 하더라도 함께 살고 있는 가족이 이런 상황에 놓여 있고 또 그런 환경들이 서로 얽혀 있는데 어떻게 요양의 영역을 무 자르듯 자르고 관리할 수 있단 말인가! 원칙대로라면 어머니에 대한 케어와 거주하는 공간만 청소해야 하겠지만 집 안 전체가 모두 열악한 이곳에 그런 원칙이 지켜질 수 있을까!

그래서 방문요양에서는 요양 업무의 경계가 모호하다. 의심증상이 심한 아드님은 안방 화장실에 냉장고도 없이 자신이 사 온 음식들로 가득 채워 두었는데, 그것이 온전했을 리가 만무했다. 우리가 도와주려고 해도 남의 말은 전혀 듣지 않던 아드님이 한 달, 두 달, 날이 가면서 마음을 열고 도움도 요청하고 집 안에 쌓아 둔 쓰레기도 버릴 수 있도록 허용하기에 이르렀다.

이것은 모두 우리 요양보호사님의 헌신적인 케어 덕분이었다. 어머니를 향한 진실되고 정성스러운 행동과 마음에 조현병을 앓고 있던 아드님도 마음을 열게 되었던 것이다. 조현병을 앓는 사람들을 몇 봤는데, 타인을 향한 의심증상으로 쉽게 마음이 열리기 힘든 분들이기 때문이다. 진심은 통하기 마련인가 보다. 그 더럽고 냄새나는 대상자의 집을 선생님께서 얼마나 깨끗이 정리했는지…. 나는 정말 이런 선생님을 존경하지 않을 수 없다.

내가 얼마나 이 센터를 다닐지 알 수는 없지만 내가 훗날에도 기억하고 인연을 계속 맺고 싶은 분 중 한 분이다. 말보다는 행동으로 모든 것을 보여 주시는 분이다. 말이 많고 자기의 선행을 남에게 보여 주려고 과시하는 요양보호사가 있는데, 이런 분은 진실된 사람이 아니라는 것을 나는 안다. 대상자를 사랑하는 마음보다는 자신의 업적만을 보여 주고 과시하고 싶은 사람이라는 것을 나는 알 수 있다.

진실된 사람은 말로 하지 않아도 그 선행이 아름다운 향기로 남는다. 그리고 널리 퍼진다. 그분이 말하지 않아도(이런 분들은 절대 말하지 않는다) 어르신들과 보호자들과 동료 요양보호사님들을 통해 그리고 내가 직접 보면 다 알 수 있다. 그리고 그 아름다운 선행을 나중에 알고 나면 더 그분들을 존경하게 된다.

선생님에게는 따님도 있는데 교사로 재직 중이라고 들었다. 그리고 그 따님도 평소에 봉사를 많이 하는 걸로 알고 있다. 어머니의 성품을 닮았으니 아마도 제자들도 사랑으로 잘 교육해 줄 거다. 훌륭한 어머니에 훌륭한 자녀들이 있는 것은 당연한 일이다.

사람들은 요양보호사가 아무나 할 수 있는 쉬운 직업으로 생각할 수 있지만 결코 그렇지 않다. 병든 어르신들을 진정으로 사랑하고 긍휼하게 생각해야만 할 수 있는 직업이다. 또한 보호자들 중에는 요양보호사분들을 마치 돈이 없어서 온 사람들로 치부하여 도우미나 가정부 대하듯 하는 몰지각한 사람들이 많은데, 요양보호사분들 중에는 경제적으로도 넉넉하지만 남에게 도움을 주는 것을 좋아해서 이 일을 하시는 분들도 많다.

또한 경제적으로 보탬이 되기 위해서 하시는 분들도 계시지만, 기본적으로는 대부분 어려운 사람들을 도와주는 일에 보람을 느끼기 때문에 요양보호사란 직업을 택한 분들이다. 그분들께 몰상식한 태도를 보이는 보호자들과 대상자들이 있다는 것이 정말 부끄럽다.

환자도, 노인도 여자는 아름답고 싶어 한다

우리 센터에서 요양을 받으시다가 작년에 돌아가신 어머님이 계셨다. 이분은 우리 센터에서 10여 년 이상을 요양받으신 기억에 남는 대상자셨는데, 유독 외모에 관심이 많고 단정한 모습을 보이려고 애쓰시는 분이었다.

4등급에서 1등급이 되어 사망하실 때까지 인연을 맺었던 분이어서 더욱 애착이 갔는데, 1등급 와상상태가 되어서도 휠체어를 타고 미용실을 가서 염색과 파마를 하시곤 하였다. 4 · 3등급일 경우에는 거동이 가능하여 미용실 동행해 드리는 것도 수월했지만, 2 · 1등급으로 등급이 상향되고 상태가 나빠지면서도 당신의 외모에 대한 애착과 자존심을 놓지 않으셔서 어머님의 욕구를 충족시켜 드리기 위해 동행하시는 요양보호사님의 고초가 컸다. 그럼에도 불구하고 어머님의 이런 욕구와 소망을 이해하고 공감해 드리면서 묵묵히 따라 준 선생님께 진심으로 감사함을 느꼈다.

어느 사람들은 와상상태인 환자가 무슨 염색이니 파마니 하며 쓸데없는 일을 한다고 생각할지 모르지만, 여자는 노인이라

해도 장애인이라 해도 와상상태인 환자라 해도 남들에게 아름답게 보이고 싶은 욕구가 있다. 그 욕구를 충족시켜 드리고 자존감을 지켜 드리는 것이 우리의 일이라고 생각한다.

방문요양센터에서 인권교육이 필요한 것은 바로 이러한 이유 때문이다. 대상자의 입장에서 공감하고 인간다움을 지켜 주는 것이 바로 우리의 일이기 때문이다. 지금도 어머님의 모습이 선하다. 모니터링을 가는 날이면 머리에 헤어롤을 말고 있는 그 귀여운 모습이….

또 까다롭기도 얼마나 까다로운 분이었는지, 4등급일 때는 하루에 할 일을 목록을 만들고 선생님께 드리면서 일일이 다 당신의 마음에 들어야만 했던 분이었다. 그러니 선생님이 얼마나 많은 스트레스를 받았겠는가?

하지만 점점 질병 상태가 악화되면서 선생님만을 의지하는 모습을 보면서 문득 돌아가신 나의 부모님이 생각나곤 하였다. 배우자보다, 자녀들보다 더 선생님께 의지하고 믿는 모습을 보면서 까다롭던 과거의 모습보다는 약해진 모습에 애잔하고 안타까운 심정이 드는 것은 왜일까?

참고

방문요양센터 사회복지사를 하면서 사람으로 인해 상처를 받기도 하지만, 사람으로 치유를 받기도 한다. 어르신들을 보면서 나의 부모님이 생각나기도 하고 나는 과연 앞으로 어떤 삶을 살아야 하는가에 대한 철학적 물음을 되새기고 인생을 성찰하게 되는 것은 참으로 감사한 경험이다.

어르신들과 요양보호사님, 그리고 사회복지사인 나는 처음에는 나쁜 인연으로 시작된다. 아프지 않으면 맺어지지 않았을 인연이지만, 그 아픔으로 우리가 맺어지고 사망하는 순간까지 어르신들의 삶의 마지막을 함께하니 얼마나 귀한 인연인가! 인간적으로 맺어진 인연 속에 아픔 · 슬픔 · 즐거움 등을 함께 공유하고 공감했던 그 추억이 너무나 소중한 이유이다.

까다로운 기질은 노인이 되어서도 바뀌지 않는다

우리는 흔히 노인이 되면 모두 너그러워지고 온화해질 거라고 생각하지만 현실은 전혀 그렇지 않다. 노인이 되어서도 자신의 기질과 성격은 전혀 변화하지 않는다. 또한 그런 성향은 노인이 되면서 심지어 더 강해지기도 한다.

우리 센터에 이런 분이 계신다. 히스테리적 성향이 얼마나 강한지 단 몇 분 내에도 말과 행동이 수시로 변하고, 조금이라도 자신에 대해 조언이나 충고를 하면 분을 이기지 못해 소리를 지르고 폭발하기도 한다.

타인이 자신보다 더 안다고 생각하면 아는 척하지 말라고 폭발하고, 대화를 나누는 중에도 한 가지에 의문점이 들면 설명을 해 주어도 의심을 하여 믿지 못하고 1시간이고 2시간이고 계속 말을 이어 간다. 게다가 본인의 집이나 자신의 질병 상태를 관리하지 못할 정도로 몸이 좋지 않으면서도 고양이를 기르는데 고양이까지 사나워 요양보호사님을 향해 공격하기도 한다.

고양이의 대소변 처리가 잘 되지 않아 분변과 털이 날아다니니 요양보호사님이 알레르기 때문에 고생을 하고 있다. 사정이 이러니 다른 센터에서 돌고 돌다 우리 센터로까지 오게 되었는데, 왜 많은 센터에서 받아 주지 않았는지 이해가 되었다.

또 이 어머니는 교회를 다니는 분이었는데, 기초수급자로 자신의 아파트 관리비 외 각종 공과금이 체납이 되었는데도 헌금을 하고 교회 사람들에게 선물을 하고 과도한 보험금을 넣는 등 각종 문제를 안고 있는 대상자였다.

하지만 심리학적 · 사회복지학적에서도 내담자든 대상자든 본인의 인생은 자신이 결정하고 살아가야 한다. 나는 사회복지사로서 어머니께 여러 가지 정보를 알려 드리고 도와드리려고 많은 노력을 했지만, 본인이 어떤 변화와 도움을 거부하고 있으니 어쩔 수 없는 일이었다. 아무리 대상자여도 자신의 인생은 자신이 결정하고 능동적으로 나아가야 하는데 본인이 거부하고 타협하지 않으니 참으로 안타까웠다.

사실인지는 알 수 없지만 어머니는 자신이 과거에 교사였고 고학력자임을 주장하면서, 이런 지나간 과거에 집착하면서 남을 무시하고 자신이 더 월등하다고 생각했다. 이 세상은 빠르게 변화하고 있는데도 현실을 직면하지 못하고 자신의 과거에만 젖어 살고 있는 모습이 측은하면서도 한편으로는 화가 나기도 했다.

까다로운 기질에 자기 고집과 아집까지 있으니 요양보호사님도 힘들어하고 있다. 요양보호사님이 성품이 너무 좋은 분이기에 측은지심을 갖고 3년이라는 세월을 케어해 주고 있는데, 다른 분이었으면 어림도 없는 일이다.

그런 좋은 요양보호사님께 양질의 요양을 받으면서도 털끝만큼의 행동과 말투에 변화가 없는 것을 보면서, 사람은 변화하기 힘든 존재임을 새삼 깨닫게 되었다. 그리고 나는 이런 생각을 했다. 내가 나중에 아프고 노인이 되어 요양을 받게 되면 나는 요양보호사님께 고맙다는 말만 해야겠다고….

열등감이 있는 대상자에게는 진실된 마음과 행동으로

요양보호사님과 대상자를 서로 매칭할 때 우리 사회복지사는 정말 많은 고민을 한다. 이 대상자와 요양보호사님이 서로 잘 맞을지, 아니면 트러블이 있을지…. 특히 종교적 신념이 다를 경우에는 서로의 민감한 부분에서 문제가 생길 수 있으므로 되도록 종교가 같은 분들을 매칭한다.

그런데 이 대상자는 집에서 신당을 차리고 무당을 하시는 어머니였다. 그런데다 이북 사람이므로 그 성질이 또한 얼마나 강하고 급하신지. 욕도 얼마나 잘하시는지 나는 정말이지 태어나서 그렇게 욕을 잘하시는 분은 처음 보았다. 처음에는 내 담당이 아니었는데, 동료 사회복지사 선생님이 미혼에다 나이도 어려서 그런 분이 너무 무섭다고 하여 내가 담당하기로 했다.

어머니를 보니 워낙 성격이 강하고 거칠었는데, 특히 자신의 처지에 대해 상당한 열등감이 있는 듯하였다. 그래서 계약할 때도 방문할 때도 상대방이 자신에 대해 어떻게 생각하는지 극도로 예민해 보였다.

그동안 많은 대상자들을 경험하면서 느껴지는 감각적 촉으로, 나는 이분께 나의 진실된 마음과 행동으로 신뢰감을 주어야겠다고 생각하였다. 그래서 방문할 때마다 어머니께서 주시는 커피는 단 한 번도 거절 없이 받아 마셨다. 사무실에서 커피를 마시고 와도, 다른 대상자분의 집에서 두 잔을 마시고 와도 예외는 없었다. 커피를 받아 마시지 않으면 자신의 집이 혹은 자신이 더럽고 불결해서 거부하나라고 생각할 수도 있었기 때문이었다.

굿을 할 때 사용한 사과를 싸서 주시는데 차마 거절할 수 없어 잘 먹겠다고 받고 사무실에 와서 사무실 앞 정원에 묻었던 기억도 난다. 이후 이렇게 어머니와 나는 친밀한 관계가 되었다. 나에게 욕을 그렇게 하셔도 단 한 번도 상스럽거나 밉지가 않으니 참 찰떡궁합인 셈이었다.

사정이 이러니 요양보호사 선생님들에겐 요주의 인물이었다. 5년여 동안 얼마나 많은 요양보호사 선생님들이 바뀌었는지…. 너무 무서워서 한 시간만 요양을 하고 도망가시는 선생님, 3개월만 하신 선생님, 1년 이상 꾸준히 하셨던 선생님 등….

그래도 우리 센터를 위해서 거칠고 까다롭고 힘든 분을 위해 일해 주셨던 요양보호사분들께 감사의 마음을 전하고 싶다. 종교적신념을 가지고 이 어머니의 영혼을 사랑하고 마음으로 받아 주신 요양보호사 선생님들께 감사하다.

나는 선생님들께 이렇게 말씀드렸다. "이 어머니께서 좋은 환경에서 살아오셨으면 이런 힘든 삶을 살아오셨을까요? 우리가 이분을 이해하려면 살아온 삶에 공감하고 그 힘든 인생에 애잔함을 느껴야만 그분을 이해할 수 있습니다. 그래야 현재 이분의 행동을 이해할 수 있습니다."라고.

이 어머니가 욕도 잘하고 미운 행동도 많았지만 이분을 미워할 수 없는 것은 정이 너무 많은 분이었기 때문이다. 요양보호사 선생님들과 나에게 짬뽕과 보리밥 등을 사 주시기도 하였다. 가끔 나에게 만 원을 주면서 딸들 아이스크림 사다 주라고 하셨다.

요양보호사교육원에서 교육할 때에는 절대 수급자의 팁이나 돈과 관련된 것은 받지 않는 것이 원칙이라고 하지만, 어디 이론과 실제가 얼마나 같을 수 있을까? 이분은 자신이 돈이 없어서, 집안 환경이 더러워서(옛날 구옥으로 화장실도 재래식 화장실로 냄새도 엄청났었다), 자기가 무당이라서, 혹시 자신을 무시하나라는 생각이 가득한 분이다. 이런 분께 그분의 호의를 거절하는 것은 그분을 무시하는 것이나 다름없다.

인간을 다루는 일이란 자연과학처럼 원인과 결과가 명확하게 나타나는 분야가 아니다. 그만큼 변수가 많고 변동이 많은 어려운 일이다. 그래도 최대한 원칙을 지키고자 나는 어머니께

받은 만 원을 고이 가지고 있다가 다음에 방문할 때 어머니가 좋아하는 보리밥을 사다 드렸다. 요양보호사 선생님들도 마찬가지로 어머니께서 점심을 사 주면 다음엔 선생님들께서 어머님이 좋아하는 음식을 사 드렸다.

문득 작년 5월쯤 요양원에 가신 어머니가 너무 생각나서 따님께 전화해 보았더니, 얼마 전에 돌아가셨다고 하였다. 그래서 그렇게 그날따라 어머니가 보고 싶고 그리웠는가 보다. 참으로 이런 일들을 겪으면 과학적으로는 설명할 수 없는 무언가가 사람과 사람 사이를 끌어당긴다고 해야 하나? 요즘에도 시장에서 장을 보고 지나가다 어머니께서 그렇게 좋아하시던 보리밥집을 지나칠 때면 정말 절실하게 보고 싶고 그리워진다.

나는 어떤 사람에게 돌봄받기를 원하는가?

요양보호사의 윤리 중 노인들을 선별해서 받지 말아야 한다는 부분이 있다. 그러나 현장에서 이런 요양보호사들을 얼마나 볼 수 있을까?

현장에서 일부의 요양보호사들은 아파트와 같은 깨끗한 집, 경제적으로 양호한 집, 청결한 집 등만을 원한다. 조금이라도 열악하거나 일이 힘들 것 같은 집들은 절대로 가지 않으려 한다. 나이가 많은 분들이라 자신들의 건강을 위해서 그럴 수 있겠구나 생각되고, 또 본인들이 선택할 수 있는 권리니 나 같은 사회복지사는 강요할 수도 없다.

사정이 이렇다 보니 정말로 요양이 절실하게 필요한 열악한 환경에 계신 대상자분들과 계약한다 해도 그런 대상자들을 모두 피하려고 하니, 정말로 그분들이 너무 안쓰럽고 딱하다는 생각까지 든다. 센터 입장에서도 우리와 계약한 분들이니 놓치고 싶지 않은 마음에 요양보호사님들에게 전화를 걸어 맡아 달라고 애걸을 해서야 간신히 구할 수 있었다.

이렇게 모두가 기피하는 열악한 대상자분을 위해서 해 주시겠다고 나서 주시는 선생님들이 얼마나 고마운지 눈물이 날 정도다. 그 냄새와 벌레가 기어 다니는 곳을 눈으로 확인하고도 거부감 없이 몇 날 며칠을 치우고 청소해서 반질반질 윤이 날 정도로 만들어 놓으신다.

내가 단 몇 분을 앉아 있다 가도 옆에서 냄새가 난다고 할 정도로 열악한 그런 집에서 3시간을 6일 내내 일하시는 선생님은 얼마나 더할까? 그럼에도 단 한 번도 선생님은 냄새로 힘들다는 말을 꺼내지 않으셨다. 환자들이 살고 있는 집인데 당연한 것 아니냐고 하셨다.

어떻게 이런 선생님을 존경하지 않을 수 있을까! 이 선생님은 더럽고 냄새나는 집이라고 해서 단 한 번도 선별하거나 거부하지 않았었다. 내가 본 6년이라는 세월 동안 오히려 그런 집에서 더 최선을 다해 주셨다. 이런 분이 우리 센터에 계시다는 게 얼마나 다행이고 행운인지 모른다.

대상자의 집이 가난해서, 더러워서, 중증환자라 케어하기 힘들어서, 냄새가 나서 등 이루 말로 표현할 수 없을 정도의 핑계를 대면서 기피하는 요양보호사분들과는 인연을 맺고 싶지 않다. 이런 분들은 센터에 자신의 권리만을 내세워, 센터에서 대상자 케어 문제로 도움을 요청하면 단호히 거절하기 일쑤이다. 너무 자신의 이익과 실리만을 위해서 움직이는 분들에게는 인간미가 떨어진다. 때로는 조금씩 손해를 볼 줄 알아야 하고 양보도 할 줄 알아야 인간미가 넘치기 마련이다.

요양보호사란 직업은 권리에 비해서 책임이 막중한 직업이다. 육체적으로도, 정신적으로도 노인들을 대하는 것이 얼마나 어려운지 나는 안다. 하지만 자신이 전체의 요양보호사들을 대표한다고 생각해야 한다. 사회적 약자인 열악한 노인에 대한 애정, 긍휼함이 없으면 요양보호사란 직업을 하지 말아야 한다.

때로는 노인들에 대해서 욕을 하고 흉보는 요양보호사들이 있었는데, 나는 그들에게서도 노인들의 모습을 볼 수 있다. 완고함, 아집, 자신만의 방식이 다 옳다는 경직된 사고방식, 노인들을 본다는 것은 자신들을 본다는 것임을 명심해야 한다.

우리 센터의 어떤 선생님은 자신이 돌보는 대상자를 더 잘 이해하기 위해서 본인이 기저귀를 차 보았다고 하였다. 이유인즉, 혼자서는 아무것도 할 수 없는 1등급 와상 환자인 어머니께서 얼마만큼 시간이 지나야 소변으로 흡수된 기저귀가 불편한지를 느껴 보기 위해서였다고 하였다. 이런 케어까지 가능한 것은 이 선생님의 대상자를 향한 진심 어린 애정 때문이라고 나는 말하고 싶다.

또 다른 선생님은 기독교 신자인데, 아침마다 어딘가에서 나를 필요로 하는 분께 내가 일하게 해 달라고 기도하신다고 하셨다. 내가 선별해서 좋은 곳만을 찾아다니는 케어가 아닌 바로 나를 필요로 하는 곳으로 가게 해 달라고 하나님께 기도하신다.

또 다른 선생님은 발바닥의 아치에 문제가 생겨 통증이 한참 심했을 때도 자신이 돌보는 대상자를 위해서 방송에 나올 만한 쓰레기집 같은 곳을 그 발로 치우시고 또 치우셨다. 그 통증 심한 발로 어떻게 그런 일을 하셨을까? 우리에게 도움이라도 요청하시지…. 사회복지사인 나는 선생님에게 너무 면목이 없었다.

내가 위의 케이스의 선생님들을 소개하는 것은 그분들대로 하라고 강요하기 위함도, 본받으라는 것도 아니다. 각자 본인들의 직업이니 어떤 선택을 하더라도 윤리적으로 비난할 수는 없다고 나는 생각한다. 하지만 위의 세 사례의 선생님들은 분명히 요양보호사라는 직업이 빛날 수 있고 존경받을 수 있도록 현장에서 어르신들을 위해서 사랑을 실천하고 계시다.

그리고 우리는 고민해 보고 생각해 봐야 한다. 어떤 마음가짐으로 요양보호사란 일을 해야 할지를 말이다. 입장을 바꿔서 만약 내가 늙고 병들고 초라해졌을 때, 내가 가난해서, 내 집이 냄새가 나고 더러워서, 와상 환자라고 해서 모두 싫다고 한다면 그때 나는 얼마나 비참할까? 모두 다시 한번 생각해 보았으면 좋겠다.

아버님과의
약속을 지킨 이 여사님

이 여사님은 우리 센터 대상자인 치매 환자 어머님께서 요양보호사님을 부르는 호칭이다. 어머님과 선생님의 인연은 약 7년 전으로 거슬러 올라간다. 선생님께서는 원래 어머님의 남편분을 케어해 드리고 있었고, 90세가 넘으신 아버님을 정말로 애정과 진심을 담아 돌봐 드렸었다.

아버님은 신장기능과 호흡기의 악화로 컨디션의 기복이 상당히 심한 대상자였고, 컨디션 난조를 보이기 시작하면 와상상태로까지 악화되곤 했었다. 그런 증상들이 약 6년 정도 반복되었지만 강인한 정신과 자기관리에 철저하셨던 분이었기에 6년이라는 세월을 고령의 나이에도 이겨 내시다가 작년에 돌아가시게 되었다.

작년에 호흡기질환이 악화되면서 아버님은 자신의 죽음을 예견한 것처럼 “이번에는 병원을 못 나올 것 같네, 이 여사.”라고 선생님께 말씀하셨고 “혹시라도 내가 천운처럼 살아서 나올 수 있으면 내가 병원에 있는 동안 다른 분 케어를 하지 말고 기다려 달라.”고 말씀하셨다고 하였다.

그렇게 그 말씀을 마지막으로 아버님은 깨어나지 못하시고 먼 길을 떠나셨다. 아버님께서 중환자실에 계시는 동안 선생님께서는 오전 동안의 케어는 하지 않으시면서 아버님의 약속을 지켜 주셨다.

그런데 신기하게도 아버님의 아내분인 어머님께서 예전부터 파킨슨병을 앓고 계셨는데, 아버님의 장례가 끝나고 나서 4등급의 요양등급을 받으셨던 것이다. 이렇게 선생님은 어머님의 케어를 시작하게 되었다.

지금 와서 생각해 보니 아마도 아버님께서 어머님을 부탁하고 싶어서 다른 곳으로 가지 말라고 한 것 같다고 선생님께서는 말씀하셨다. 이렇게 선생님은 두 노부부를 모두 케어하게 되었고, 생전의 아버님께서 그러하셨듯 현재의 어머님께서도 자녀들보다도 더 선생님을 신뢰하시고 의지하는 모습을 보이셨다.

사정이 이러니 어머님은 항상 우리 이 여사 어디 있냐고 찾으신다. 치매 증상으로 시간 개념이 없는 어머님은 밤이며 새벽이며 선생님께 전화해서 언제 오냐고 물으신다고 한다. 게다가 어머님은 파킨슨병에 치매 증상까지 있어서 망상과 환시가 아주 심한 환자다. 돌아가신 아버님이 옆에 있다고 하고, 거실에 걸려 있는 남편의 사진을 실제 남편이라고 생각하고, 천장에 쥐가 돌아다닌다고 하신다.

오전에 요양을 해 주시고 가끔은 오후 늦게 자녀들의 부재 시 선생님께서 어머님을 사비로 돌봐 주시고 있다. 어머님의 기억력과 망상증상은 많이 나빠져서 오후에 오시는 선생님을 다른 사람으로 알고 계신다. 이렇게 인지력이 악화된 어머님께서는 선생님께 이런 말씀을 하신다고 한다. “오후에 오시는 분도 이 여사처럼 얼마나 사람이 좋은지 모른다.”고….

선생님은 그런 어머니에게 반문하기보다는 그 좋은 분께 안부 전해 달라고 유연하게 대처를 하신다. 치매 증상이 심한 어머님의 입장에서는 오전에는 이 여사님, 오후에는 다른 분이 방문하신다고 믿고 있기 때문에 이런 말에 옳고 그름을 따져서 반문하다 보면 자신을 무시하고 바보 취급한다고 생각하기 때문이다.

어찌 보면 하루가 멀다 하고 선생님만 의지해서 전화를 수시로 하는 것이 짜증날 수 있는 문제인데도 선생님은 한 번도 얼굴을 찌푸린 적이 없었다. 또 어머님의 소변 실수(기저귀를 절대로 아드님께 맡기려 하지 않는다. 그래서 혼자서 하려고 하시다가 실수를 하신다. 여자인데 남자인 아드님께는 절대로 맡길 수가 없는 것이다)로 바닥이 소변으로 흥건하게 젖는 일들이 매일같이 있어 바닥을 닦으면서도, 미안해하시는(치매 증상이 있어도 자신의 실수로 선생님이 힘들까 봐 항상 미안하다는 말을 하신다)

어머님께 마음의 위로를 해 드리면서 안정시켜 드린다.

여름으로 막 진입한 요즘에도 선생님은 어머님의 소변과의 사투를 벌이고 있다. 또 이 더운 날 어머님의 실수로 켜진 보일러로 온몸이 땀으로 뒤범벅이 되어 집안일들을 하시면서도, 어머님과 나를 대하는 선생님의 미소 가득한 얼굴을 보면서 선생님은 이 노부부(이분들은 천주교 신자분들이다)에게 하나님이 주신 선물이라는 생각이 들었다.

그렇게 선생님은 아버님의 유언을 지켜 주셨고 아버님께서 그렇게 아끼고 사랑하셨던, 떠날 때까지도 마음에 걸리셨던 어머님의 곁을 지켜 드리고 있다.

참고

치매의 증상이 초기에서 중기, 말기를 거치면서 거쳐 가는 증상은 같지만, 예를 들면 초기에는 최근 기억력 저하 중기에는 환시와 망상증상을 거쳐 말기에는 지남력(특히 사람 지남력)이 악화되는 일련의 과정들은 비슷하지만 각각의 개인적인 행동 특징은 예측할 수 없을 만큼 다 달랐다.

이것은 아마도 개인적인 성향과 성격과 더불어 과거의 살아왔던 환경적 특징에서 비롯된 삶, 또 현재의 외부적 환경적 특징(가족, 지역사회 등, 특히 환자를 직접적으로 케어하는 사람의 치매 환자를 대하는 철학과 유연한 태도, 가치관 등)이 실타래처럼 얽힌 결과라고 나는 생각한다.

그렇기 때문에 치매 환자를 케어하기는 참으로 힘들고 어려운 일이었다. 기본적인 치매 증상뿐 아니라 많은 치매 환자를 경험하면서 시시각각 다른 행동을 보이는 분들을 대처해 본 선생님들은 그만큼 숙련된 기술과 지혜를 터득한다.

그런데 그보다 더 중요한 것은 치매 환자를 마음으로 포용하고 공감하려는 철학적 이념과 인간 존중의 가치관을 가져야 한다는 것이다. 이것이 더 먼저였다. 아무리 많은 교육을 받고 치매 교육을 이수했다 해도 이와 같은 가치관과 온유한 성품을 갖지 않은 분들은 치매 환자를 대함에 항상 트러블과 문제가 있었다. 결국 기본적인 인격을 갖춘 후에야 교육도 시너지 효과를 낼 수 있는 것이다.

위의 사례에서의 대상자인 어머니는 질병 발병 전에도 항상 남에게 폐 끼치는 것을 싫어하고, 타인의 도움에 감사함을 표현하고 예의 바르신 분이었다. 그래서 치매가 발병한 후에도 기억력이 없어지고 망상증상은 심할지라도 자신을 돌봐 주는 선생님이 자신 때문에 힘들어하지는 않았는지 늘 노심초사하고 미안하다는 말을 수시로 하신다.

치매 환자여도 수치심, 자존심, 미안하고 감사한 마음 등은 변하지 않은 것이다. 그러니 치매 환자라고 아무것도 모르는 사람으로 취급하고 함부로 대하지 말아야 한다. 또 어떤 영화에서는 치매 환자를 항상 생각 없이 멍하고, 밥 달라고 소리치고, 마냥 웃기만 하는 등의 근거 없는 표현으로 나타내고 있었는데 내가 경험한 치매 환자들은 전혀 그렇지 않았다.

평소에는 안정적인 모습을 보이다가도 갑작스러운 컨디션의 난조, 날씨의 변화, 집안 환경적 변화, 케어자의 부적절한 대응 등에 따라서 부정적인 행동을 보이기도 했다. 또 평소에는 부정적인 모습을 보이다가도 어떤 때는 정상인으로 말하고 기억하는 등의 모습을 보이기도 했다. 이렇게 부정적 · 긍정적 모습이 때에 따라서 혼재되어있었다.

대중매체에서 치매 환자들에 대한 근거 없는 왜곡된 모습만을 비춰 주면 대중은 그것을 사실로 받아들일 수 있다. 정확하지 않은 사실을 전달한다면 대중은 잘못된 편견을 가질 수 있다. 그러므로 대중매체는 전문가의 조언을 얻고 정확한 사실을 근거로 치매 환자를 나타내 주길 부탁드리고 싶다.

대상자의
경제적 어려움까지 함께한 선생님

독거로 임대아파트에서 혼자 사시는 80세의 대상자인 어머니가 계신다. 이분은 알츠하이머성 치매를 약 10년 동안 앓고 계시는 분인데, 약 1년 전에 5등급에서 3등급으로 무려 2단계나 상향되었다. 그만큼 상향되었다는 것은 치매 증상도 더 나빠졌다는 것이니 오랜 세월을 함께해 온 선생님과 나에게는 정말로 가슴 아픈 소식이었다.

따님들은 멀리 살고 있고 아들이 같은 지역에 살고 있지만, 각자 경제적 사정도 어려운 상태였다. 게다가 어머님의 본인부담금을 책임지는 막내따님이 코로나 때문에 사업에 큰 지장을 받게 되어 경제적 상황도 악화된 상태였다. 사정이 이러니 어머님에 대한 경제적 지원, 본인부담금 부담 등도 큰 부담으로 다가왔을 거라고 짐작되었다.

이런 사정을 너무나도 잘 알고 있었던 선생님은 따님과 어머님께 조금이라도 보탬이 되고자, 커피며 반찬거리, 간식 등을 챙겨 놓으셨다. 어머님은 방문하는 나와 동년배들에게 무엇을 대접하고 싶은데 그럴 만한 여유가 안 되니 그것에 대해 늘 미안해하고 있는데, 선생님이 이런 점을 생각하여 커피를 떨어지지 않게 사다 놓아 어머니가 방문하시는 분들을 위해서 커피를 대접하실 수 있도록 한 것이다. 나중에 알고 보니 5등급 대상자의 인지활동을 수행하면 지급되는 수당(현재는 없어졌지만)으로 사 오셨던 것이다.

센터장님께서 더 좋은 조건의 대상자가 계셔서 그쪽으로 요양을 권유해 보았지만, 어머니에 대한 애정이 컸던 선생님은 3시간 일을 할 수 있는 조건을 단호히 거절하고 2시간 일을 하는 어머니를 계속해서 담당하길 원했다. 아마 대상자에 대한 애정보다는 경제적 취득에 우선순위를 둔 분이었다면 이런 선택은 하지 않았을 것이다.

대상자와 그 가족들의 아픔을 이해하고 그 어려움에 공감해 주는 선생님이었다. 처음 만난 순간부터 지금 이 순간까지 대상자들을 향한 한결같은 애정 어린 모습에 나는 이 선생님을 정말로 존경하지 않을 수 없다.

이 어머니께서는 평소에는 너무나 정이 많고 지극히 이성적이고 좋은 분이시지만, 컨디션 난조로 인해 치매 증상이 나타나면 행동 변화가 너무나 큰 대상자였다. 그럴 때면 평소에는 듣지도 못했던 심한 욕설과 난폭한 행동까지 보였다.

자신이 치매라는 사실을 알지 못할 수도, 혹은 자신이 뭔가 이상하다는 것을 알면서도 남에게는 자신의 치부를 절대 드러내지 않으려는 자존심 때문일 수도 있을 것이라고 짐작한다. 알면서도 부정하는지, 자신은 절대 아니라고 믿고 싶은 건지는 알 수 없지만, 이 때문에 이 어머니에게 약을 드리는 일은 정말로 치열할 전쟁이다.

또한 어머니는 자존심이 매우 강해서 함부로 집안 살림을 만지는 것을 극도로 싫어하고 옷 갈아입기, 목욕하기 등을 거부했는데, 강제로 할 수가 없어서 그런 점들은 가족들에게 이야해서 부탁하고 있다. 선생님은 매일같이 어머니의 치매 증상이 악화되는 것을 지연시키기 위해서 오늘도 점심 식사 드리기와 약과의 싸움을 하고 있다.

참고

특히 치매 환자 중에는 남자보다도 여자들에게 의심 증상이 많이 나타나서 이런 대상자들은 자신의 집안 살림에 타인이 개입하는 것을 매우 싫어하고 거부한다. 그래서 청소, 주방 정리 정돈, 세탁 등을 동의 없이 만지거나 하게 되면 큰 트러블이 생기게 된다. 이런 대상자들의 집에서 요양을 하는 경우에는 어떤 일들을 하기 전에 반드시 대상자의 동의와 허락을 받고 실행해야 한다. 쓰레기를 버릴 때조차도 마찬가지다.

이런 독거대상자들의 집에는 거의 매일같이 방문하는 사람이 오직 요양보호사일 경우가 있다. 그렇게 되면 자신이 뭔가 물건 하나를 어디에 놓고 잊어버리는 일이 생겨도 그 기억을 잊고, 그 물건을 누군가가 훔쳐갔다고 믿게 되는 망상 증상까지 생기는데 그 화살이 요양보호사에게 향할 수 있다. 그러기 때문에 그 어떤 물건을 만질 때 신중해야 하고, 심지어 화장실에 갈 때도 전후사정을 이야기한 후에 갔다 와야 한다.

우리 센터에 어떤 여자 대상자분이 계셨었는데, 그분은 경제적으로 아주 부유함에도 의심 증상과 뭐든지 아깝다고 생각하는 생각을 늘 갖고 계셨던 분이었다. 요양보호사님께서 이 점을 간과하고 핸드폰 충전을 하였더니, 치매 증상에 이런 아끼는 습관까지 갖고 계신 탓에 "자기 물건 아까우면 남의 것도 아까운 줄 알아야지."라고 말씀하시더라는 것이다. 당신 집에서 충전하는 전기가 아까웠던 것이다.

이런 일이 비일비재하므로 특히 치매 여자 어르신에 의심 증상까지 있는 분들의 집에 방문요양을 갈 경우, 선생님들의 가방 하나도 들고 가지 말라고 부탁한다. 가방에 뭔가를 담아 훔쳐 간다고 의심하시는 분들도 있었기 때문이다.

남자들보다도 여자들에게 이런 의심 증상과 집안일에 대한 개입을 극도로 싫어하는 증상이 있는 것을 나는 곰곰이 생각해 보았다. 과거부터 집안 살림을 여자들이 다 해 왔고 옛날 어르신들은 그것에 대한 여자로서의 자부심을 느끼고 살았는데, 이제는 늙고 초라해져서 남의 도움을 받아야 한다는 것이 아마도 그분들의 자존심을 상하게 했으리라.

고스톱을 좋아하시던 어머니와 약 중복 복용

3년 전, 알츠하이머성 치매 환자가 계셨는데 독거노인에 5등급 대상자였다. 치매 환자이므로 어머니께서는 방금 나눈 대화를 잊어버려 같은 질문을 20번도 더 넘게 묻고 묻기를 반복하였다. 이런 어머니께서 좋아하시던 활동이 있었는데, 다름 아닌 고스톱이다.

5등급은 인지활동 지원만을 하는 대상자이므로 요양보호사님은 어머니와 함께 내가 계획한 활동계획안에 따라서 그림 그리기, 숫자 계산, 미로 찾기, 단어 거꾸로 이야기하기 등을 진행하고 있었다. 그런데 대부분의 5등급 대상자들은 이러한 인지활동에 대해 어린아이가 하는 것이라고 거부하거나 싫어하는 경우가 많다. 그런데 5등급이라 60분은 꼭 인지활동을 해야 하므로 선생님들은 늘 이런 대상자분들과 줄다리기를 하는 일들이 많다.

이 어머니도 이런 상황들이 자주 있는데 유독 고스톱만은 좋아하셨다. 그래서 선생님은 어떤 때는 고스톱을 2시간 내내 하는 일도 있었다. 어머니께서 10번을 해도 또 잊고 계속해서 하자고 하니 하다가 누워서 쉬다 또 하는 웃지 못할 일들이 생기기도 한다.

내가 한 달에 한 번 모니터링을 가면 이제는 그 놀이에 참여하는 사람은 셋이 된다. 늘 두 분이서 하다가 내가 가면 셋이 되니 어머니에게는 그날만큼은 그렇게 신이 날 수밖에 없는 것이다. 내가 고스톱을 잘하면 어머니께서 더 즐거웠을 수도 있었겠지만, 내가 고스톱을 잘 알지 못해서 아쉬웠던 기억이 있다.

주변에 아는 지인도 없고 아드님들도 외지에서 살다 보니 늘 어머니 혼자서 지내시는데, 사정이 이렇다 보니 사회적 고립이 심각한 상황이었다. 우리 센터가 아니면 정말 아무도 찾아 주고 방문해 주는 사람이 없었다.

기억력이 악화되어 약 복용을 잊어버리거나 중복해서 드시는 경우가 있는데, 약을 중복해서 드신 날은 독한 약 기운 때문에 어지러워서 일어나지도 못하시곤 했다. 선생님과 나는 더 이상 이러면 안 될 것 같다는 판단을 하고 선생님의 가방에 약을 넣고 다니면서 약 중복 문제를 해결하였다.

개인 사정으로 쉬는 날에도 선생님께서는 어머니에게 약을 드리기 위해서 찾아오셨다. 또는 선생님이 급한 사정으로 못 오시는 경우에는 내가 찾아가서 약을 드시게 하면서 선생님과 나는 어머니의 치매 증상이 더 악화되지 않도록 하기 위해서 최선을 다하였다.

자신의 어머니가 이런 어려움을 겪고 있는데도 멀리 살고 있기에 어쩔 수 없는 보호자들의 간절하고도 애절한 그 마음을 우리는 그 누구보다도 알기에 쉴 수가 없는 것이다. 보호자들이 알아주지 않아도 세상 사람들이 알아주지 않아도 우리는 치매 어르신들의 삶을 함께하면서 그분들의 어려움과 고통을 마음으로 함께한다. 그것이 우리의 사명이기 때문이다.

어머니께서 질병이 더 악화되어 요양병원에 입원하면서 우리와의 계약도 종료되었지만, 지금도 어머님께서 고스톱을 하면서 즐거워하시던 모습이 눈에 선하다. 요양병원에서 회복되어 아드님 집 옆에서 잘 지내셨으면 하는 것이 나의 소망이고, 어디에서 살고 계시든 어머니께서 행복하셨으면 좋겠다.

제2장

우리 모두가 알아야 할 방문요양 이야기

부부의 의미와 사회복지사의 딜레마

우리 센터에서 방문요양을 받다가 돌아가신 어르신이 계셨다. 내가 다리를 다치고 퇴사했다가 재입사한 후에는 이미 요양원에 입소했다가 그 후 사망하였다고 한다. 다시 입사하면서 정말 다시 만나고 싶었던 분이었는데, 다시 볼 수 없게 되어 아쉬움을 남긴 분이다.

전직 교사로 퇴직한 분이었는데 성품도 좋고 온유하시고 지성미가 풍기는 멋진 신사 어르신이었다. 또한 요양보호사님과 나를 포함한 모든 사람들에게 대하는 태도가 인격적이고 상대방을 존중하고 배려가 몸에 밴 인품 있는 분이셨다. 게다가 글 · 시 · 서예 · 미술에도 조예가 깊어 나와는 더없이 정신적 교감이 되었는데, 그런 분이 이미 돌아가셨다고 하니 너무 안타까운 생각이 들었다.

이렇게 멋진 분이셨는데 이런 분께 한 가지 문제가 있었다. 그것은 다름 아닌 아내와의 불화였다. 어르신은 과거에 척추 문제로 하반신이 마비되어 휠체어에 앉아서 생활해야 했다. 집에서는 하반신을 쓸 수가 없어 엉덩이로 밀면서 이동해야 했고

방 안에서 간이소변통으로 소변을 해결하시고 책과 신문을 보는 정도의 생활만 가능했다.

사정이 이러한데도 아내는 남편에 대한 식사 제공, 씻기 등의 기본적인 케어도 하지 않았다. 남편을 무시하는 태도며 남편에 대한 기본적인 예의도 없는 사람이었다. 본인 나름대로의 어떤 사정이 있었는지 나는 알 수 없지만 최소한 요양보호사님 앞에서는 남편에 대한 행동을 조심했어야지, 듣기에도 거북하고 민망한 언행을 수시로 한다는 것이 요양보호사님에 의해서 들려오게 되었다.

하루는 요양보호사님께 전화가 왔는데 내용인즉, 어르신께서 너무 배가 고파서 휴대용 가스버너로 라면을 끓여 드시다가 화재가 나서 119까지 왔었다는 것이다. 그렇게 남편이 미워서 점심식사를 챙겨 주기 싫으면 차라리 음식점에서 배달을 시켜서 드리는 방법도 있었을 텐데.

그런 말을 들었지만 나는 어르신께 직선적으로 물을 수가 없었다. 그리고 그 일에 대해서, 그 화상 상처에 대해서도 물을 수 없었다. 그냥 어떻게 화상을 입었냐고 물을 뿐이었고, 커피포토에 데었다는 말만 들을 뿐이었다.

스스로에 대한 자부심과 자존감이 높은 분이었는데, 이런 창피하고 굴욕적인 자신의 민낯을 남에게 알리기에는 어르신의 자존심이 허락하지 않으셨던 모양이다. 이러한 사실들을 자식들에게도 알리고 싶지 않았던 것이다. 나는 그분의 그 심정을 너무나 잘 이해한다. 그래서 더 이상 아무 말도 물을 수 없었다.

아내를 생각하면 정말로 노인학대로 신고하고 싶었지만, 어르신의 마지막 남아 있는 자존심을 지켜 드리고 싶은 두 가지의 양가감정이 나를 힘들게 했다. 우리는 항상 이런 딜레마를 겪고 있다. 사람들은 노인학대신고를 쉽게 말할 수 있지만 실제로 현장에서 일하고 있는 우리는 너무나도 많은 문제가 얽혀 있는 가정을 신고하기엔 한 가정이 우리로 인해 파탄날 수도 있다는 죄책감을 갖는 경우가 많다. 그래서 함부로 행동할 수가 없는 것이다.

노인학대란 문제는 한 가정 안에서 실타래처럼 얽힌 복잡하고도 미묘한 문제에서 발생하기 때문에 결과만을 따져서 법의 처벌만을 주는 것으로는 해결되지 않는다. 법의 처벌에 앞서 그 가정 안에서 가족 간의 협력을 통해 해결할 수 있도록 돕거나 혹은 다양한 상담과 지원으로 그 문제가 해결될 수 있도록 하는 것이 먼저라고 생각된다.

노인학대의 가해자와 피해자 대부분이 가족 간의 관계이므로 상대방에게 심한 일을 당해도 배우자여서 자녀들이라서 감싸고

자 하는 마음이 먼저인 부분도 있고, 자신의 사회적인 지위와 가족사가 남에게 알려지는 것을 극도로 꺼리는 마음에서도 노인학대는 밖으로 노출되기란 쉽지 않다. 그렇기 때문에 노인학대를 예방하고 해결하기 위해서는 이들의 개인정보에 대한 보호와 더불어 피해자의 자존감을 어떻게 보호하면서 해결해야 할지를 고민해 볼 필요성이 있다.

신고자의 개인보호조치가 있다고는 하지만 현실적으로 어려운 이유가 있다. 왜냐하면 노인학대라는 은밀한 일들은 대부분 그 가정에서 직접 보거나 가해자의 이야기를 직접 들어서 아는 사람들이 많기 때문이다. 노인들과 직접적으로 교류하는 사람들이 얼마나 많겠는가! 가해자들이 그 몇 안 되는 사람들을 추적하다 보면 금방 알 수 있다. 그렇기 때문에 요양보호사나 사회복지사들은 가해자들의 피해자가 될 수 있는 사람들이다.

나의 후배의 지인 중 한 명이 아동보호기관에서 근무하다가 가해자인 아이의 아버지의 칼부림에 위험한 일을 겪은 후 퇴직한 경우가 있었다. 이렇게 우리는 늘 위험한 일들에 노출되어 있는데도 신고자의 의무만을 강요당하고, 신고하지 않으면 처벌이라는 일방적인 책임만을 강요당하고 있다. 이런 문제점도 시정해 주길 바란다. 일방적인 의무만을 강요하고 위험한 환경에 노출되는 우리들을 보호하지 않는 한 우리들은 현장에서 떠날 것이다.

어쨌든 과거에 어떤 사정이 있었는지는 부부간에만 알 수 있을 것이다. 하지만 그 정도의 인격을 갖춘 분이 뭘 얼마나 아내에게 나쁜 짓을 했을까? 평생을 교직 생활을 하면서 아내와 자식들을 위해서 헌신해 온 남편인데, 이제는 하반신이 마비된 남편이라고 그렇게 대해도 되는 것인지 나는 도무지 이해할 수 없었다.

부부란 무엇인가! 긴 세월을 함께하면서 동고동락을 같이 겪어 온 그런 존재가 아닌가! 노부부가 되면 서로 보기에도 애잔하고 애틋한 사이가 되어야만 한다. 이는 아내가 병자가 되어도 마찬가지다. 평생을 자신과 함께 동고동락한 아내가 병자가 되었다고 홀대한다는 것은 정말 용납할 수 없는 일이다.

내가 이렇게 말하는 것은 실제로 어떤 여자 어르신이 아파서 누워 계신데도 밥도 챙겨 주지 않고 자신은 밖으로 돌면서 놀러 다니고 비싼 음식을 먹고 다니는 사례가 있었기 때문이다. 정말로 서로에게 큰 상처와 못할 일들을 하지 않았던 사이였는데도 불구하고 배우자들에게 이런 비상식적인 행동을 하는 사람들은 그 사람의 인격에 문제가 있다고 생각한다.

평생을 한 가정의 가장으로 성실하게 임해 온 남편에게 있어 노년의 합당한 케어는 아내가 지켜야 할 책임이라고 나는 생각한다. 또 평생을 남편과 자녀들을 위해서 헌신한 아내에게 있어 노년의 합당한 케어도 남편이 지켜야 할 책임이라고 생각한다. 그것이 노년이 된 부부가 최소한 서로에게 지켜야 할 도리이다.

방문요양이 필요한 이유

약 7년 전 우리 센터 대상자였던 분으로, 60대 초반의 여자분이었는데 알츠하이머성 치매 환자였다. 50대부터 치매가 발병했으니 초로기성 치매 환자라고 봐야겠다. 치매라는 것은 모든 환자에게 문제시되는 질병이지만, 특히 60대 이전의 비교적 젊은 분들에게 발병하는 것이 가장 문제가 된다.

만일 80~90대 정도에 발병할 경우, 사망까지의 시간이 그리 길지가 않다. 이 말이 무슨 뜻이냐 하면, 치매가 중등도 이상부터 말기까지 가기도 전에 사망을 한다는 것이다. 초기에 치매를 발견하여 잘 관리하면 초기에서 중기까지의 시간을 늘릴 수가 있고 그렇다는 것은 치매의 악화를 지연시킬 수 있다는 것이다.

그래서 고령의 노인을 초기부터 잘 관리하면, 사망할 때까지 치매 말기까지로 악화되지 않은 상태를 지속할 수 있다. 이렇게 되면 설령 치매 환자라 하더라도 큰 문제가 되지 않을 수 있다. 치매를 잘 관리하여 어느 정도의 인지력을 유지하다 보면 고령과 노인성질환으로 사망하게 되기 때문이다.

그렇지만 초로기성 치매는 고령노인과는 다르다. 비교적 신체적으로 건강하고, 사회활동이 왕성해야 하는 시기에 치매가 발병하면 자신은 물론 한 가정이 무너지게 된다. 또한 신체가 건강하다는 것은 앞으로 살아갈 시간도 많다는 것인데, 그 긴 시간을 치매로 온전히 고통받아야 된다.

60대 초반의 대상자는 여자분이었고 남편과 함께 살고 있었으며, 독실한 기독교인이었다. 그래서 이분을 케어해 드리는 요양보호사분도 집사님이었다. 과거에는 온유하고 다정하고 봉사하는 것을 좋아했던 이 대상자분은 치매가 발병하고 난 후 성격의 변화도 찾아왔다. 욕설을 하고 난폭해졌으며 상대방을 공감하는 능력이 점점 사라져 위암에 걸려 누워 있는 남편에게 발길질을 하며 밥을 차려 오라는 등의 행동도 보였다.

치매 환자들의 특징 중 하나가 공감능력이 저하된다는 것이다. 뇌의 퇴행으로 판단력, 이성적인 능력이 악화되면서 자기 위주의 생각과 행동을 하게 된다. 그러니 암에 걸려 고통받고 있는 남편보다는 자신이 배고픈 게 더 먼저가 되는 것이다.

모니터링 때문에 방문한 어느 가을날, 남편분이 그 속상한 마음을 나에게 우시면서 토로하는데, 이야기를 듣고 나는 그 참담한 마음을 이루 표현할 수 없었다. 무엇으로 위로를 해야 할까? 나는 그저 아무 말 없이 들어 줄 수밖에 아무것도 할 수가 없었다.

대상자분의 치매 상태가 더 나빠지면서 우리 센터와의 요양도 그만두고, 그 후 요양원에 입소를 했는지는 알 수가 없다. 내가 만나 온 많은 어르신들의 최대 소망은 요양원에 가지 않고 나의 집에서 살다가 나의 집에서 죽는 것이었다. 방문요양이 필요한 이유이다.

나의 집에서 독립적인 생활이 가능하도록 대상자들의 신체적 · 정신적 기능을 유지 · 촉진시켜 드리는 것. 그래서 내가 요양원이나 요양병원에 갈 정도로 질병이 악화되지 않도록 하는 것. 집에서 요양원이나 요양병원에 입소나 입원하게 되는 기간을 최대한 늘려서 집에 오랫동안 머무르게 하는 것. 지역사회 안에서 나의 집에서 임종하는 것.

그것이 장기요양보험제도의 궁극적인 목적인 것이다. 개인적으로는 평생을 지내 온 편안한 나의 집에서 임종을 맞이하고 국가적으로는 대상자의 시설과 병원 입원으로 인해 발생될 수 있는 재정을 안정화시키겠다는 것이 제도의 기본적인 취지이다.

그런데 많은 어르신들과 보호자들은 일방적인 서비스만을 원하고 모든 일을 다해 주길 바라고 있다. 남이 모든 것을 다해준다는 것은 그만큼 자신의 일상생활능력과 도구적 일상생활능력이 퇴화된다는 것을 의미함을 알아야 한다.

대상자 본인이 하기 힘든 부분을 도와드리고 보충적인 역할을 하는 것이 우리의 일이라는 것을 알았으면 좋겠다. 대상자가 할 수 있는 부분은 격려로 더 촉진할 수 있도록 하고, 할 수 없는 일들은 요양보호사가 도와주면서 균형 있는 요양이 진행되는 것이야말로 진정한 요양의 기본적 이념이다.

대상자가 본인이 활용할 수 있는 잔존능력을 최대한 촉진시켜서 우리의 요양이 없는 시간에도 자신의 집에서 스스로 독립적인 생활을 유지하는 것이 가장 중요하다. 대상자분들은 모두 강점을 갖고 있다. 스스로 나는 누군가의 도움만을 받아야 된다고 생각하는 그런 나약한 존재가 되어서는 안 된다.

자신은 할 수 있다는 자기효능감을 가질 수 있도록 도와야 한다. 그런데 이 제도의 궁극적인 취지를 모르는 사례들이 들려오곤 한다. 어떤 요양보호사는 요양 시간 3시간 동안 아무것도 하지 않고 소파에 앉아 고령의 어머니에게 다 시키고 지시만 하다가 온다고 하였다. 허리가 구부러지고 무릎이 아픈 어머니에게 모든 집안일을 시키고 나면 어머니는 침대에 쓰러지신다고 하니, 그 요양보호사는 대체 어떻게 교육을 받았기에 그런 비뚤어진 케어를 한단 말인가!

예를 들어 만약에 대상자가 하체에 비해서 상체기능은 양호하여 손과 손가락을 사용할 수 있으면 콩나물과 나물을 다

듬거나 마늘을 까게 해서 더 기능을 활성화시키고, 무릎이나 다리에 무리가 있는 질병이어서 보행능력이 제한되고 관절구축이 심하면 서서 하는 일(세탁기와 같이 허리를 구부리고 펴는 일, 바닥에 오랫동안 앉아서 하는 일 등은 피하고 소파나 의자에서 할 수 있는 일 등을 권유, 무거운 쓰레기를 버리는 일 등은 요양보호사가 해 드리는 것이 올바른 요양인 것이다)은 피하게 하고 조금씩 걷는 운동만을 하게 해서 신체기능을 균형 있게 관리하고 건강 상태와 상황에 따라서 요양 방법을 유연성 있게 변화시켜야 한다.

위 사례에서의 어머니께서도 스스로 할 수 있는 일이 있고 어려운 일이 있을 텐데, 그런 점을 사회복지사와 요양보호사는 상의를 해서 요양계획에 반영하고 실행해야 한다. 그럼에도 요양보호사가 일방적인 지시와 지켜보기만을 하고 아무것도 하지 않는다면 무엇을 위해서 어머니의 집으로 가는 건지 나는 이해할 수 없다.

또 반대로 대상자 자신이 할 수 있는 일들부터 집안일의 일체를 요양보호사가 하길 바라는 분들이 있는데, 그것은 곧 자신의 능력이 그만큼 쇠퇴한다는 것을 알아야 한다. 정말 요양원에 가고 싶지 않거든, 혼자 할 수 있는 능력을 열심히 연습해서 키워야 한다.

치매 환자라도 감정과 자존심은 남아 있다

방문요양센터에서 일을 하게 되면 치매 어르신들을 많이 만나게 된다. 지남력, 기억력, 판단력 등이 악화되었다고 해서 그분이 감정이나 자존심이 없는 사람이라고 생각해서는 안 된다. 기억력이 없어서 상대방이 누군지는 잘 모를지라도, 그 사람이 나를 존중하는지 함부로 대하는지는 더 잘 느낄 수 있다. 어떻게 느낄 수 있을까?

상대방의 말투, 억양, 얼굴 표정 등을 보고 치매 어르신들은 자신에게 함부로 대하는 사람에게는 입을 닫거나 완강한 거부감을 나타낸다. 하지만 자신을 향해 진심 어린 마음으로 대하는 분들에게는 자신의 옛이야기를 늘어놓거나 음식을 꺼내 주기도 하면서 다정한 모습을 한없이 보이시곤 한다. 그분들은 일반인들보다도 상대방의 행동에 더 예민해 보였고, 따라서 어떤 사람이 케어하느냐에 따라서 극과 극의 모습을 보인다.

3년 전쯤 우리 센터의 4등급 치매 어머니를 케어해 주던 요양보호사님이 개인 사정으로 그만두게 되어, 새로운 요양보호사님과 인수인계를 하러 갔었다. 어머니의 집에 보호자인 따님도 계셨는데 요양보호사님과 이야기를 하다가 어머니의 질병과 증상 등을 적나라하게 이야기하는 것을 보았다.

"우리 엄마는 이것도 못해요, 저것도 못해요."라고 말씀을 하셔서 내가 듣기가 너무 거북했고, 또 어머니가 듣다가 "그래, 나는 아무것도 못하는 바보야!"라고 말씀하시는 것이 아닌가! 나는 따님께 눈짓을 주고 요양보호사님과 함께 밖에 나가서 이야기하도록 말씀드렸다.

대부분의 치매 환자들은 자신이 하던 일들을 어느 순간 하지 못할 때 좌절하고 자존감이 떨어지게 된다. 그래서 무엇을 하는 데 두려움을 느끼게 되어 자신감을 잃고 의기소침해진다. 어떤 때는 이런 자신의 치부를 감추려고 상대방에게 더 화를 내거나 뭐든 할 수 있다고 우기기도 한다.

그러니 치매 환자들 앞에서 절대로 자존심에 상처를 주는 말은 삼가야 한다. 치매 환자라고 해서 내가 좌지우지해도 된다는 생각, 가르치려고 하는 생각 등을 갖고 대한다면 그분들과의 라포 형성은 불가능하다.

내가 아는 요양보호사분은 어머니를 가족요양으로 케어하시는 분이었다. 어느 날 모니터링을 갔는데, 어머니께서 절대로 기저귀를 하지 않고 이동식변기에서도 대소변을 보지 않는다고 하였다.

이분은 치매 환자였고 골반골절 후 수술로 인해 움직이지 말아야 하지만, 그럴 만한 인지력이 되지 않아(자신이 수술 후 안정을 취해야만 된다는 것 등 일반인이면 알 수 있는 통합적인 생각 능력이 없어졌다. 또 치매가 많이 진행되면 자신의 신체의 통증을 느끼는 감각도 없어지는 듯하였다) 기저귀 차기를 거부하고 화장실을 가기 위해서 소파에서 벌떡 일어서고 갑자기 걷는 행동들을 하곤 했다.

그러니 또다시 넘어질까 봐 따님께서는 항상 조마조마한 마음과 스트레스를 안고 있었다. 밤에도 잠 못 이루고 배회를 하려고 하니 케어하는 사람은 얼마나 지치겠는가! 이처럼 치매가 상당히 악화되었어도 자존심이 있고 창피하다는 것을 더 잘 느끼므로 기저귀를 절대로 하지 않는 것이다.

거의 와상상태가 되어서야 기저귀를 하는 것을 보았지, 그 전까지 어르신들은 절대로 기저귀는 하지 않으려 한다. 기저귀를 사용하면 케어하는 분들은 좀 더 수월할 수도 있을 것이다. 하지만 그것은 케어자의 욕구인 것이지 치매 어르신의 욕구는 아니다. 기저귀를 사용하지 않으면 케어자가 힘들 것이고, 사용하면 어르신들의 욕구를 침해하는 것이고…. 이런 문제는 현실에서는 참 결정하기 어려운 일인 것 같다.

또한 이 어머니는 사람 지남력까지 악화되어 따님과 사위를 아줌마, 아저씨로 알고 있었다. 그러니 어머니의 입장에서는 더욱더 모르는 사람들 앞에서 자신의 중요한 신체를 보여 줄 수 없는 것이었다. 그런 어머니 앞에서 내가 딸이니 사위이니 볼 일을 그냥 보라고 하거나 기저귀를 갈아 주겠다고 하는 것은 전혀 통하지 않을 일이었다.

사정이 이러니 치매 환자를 이해하고 공감하는 일, 케어하는 일이란 쉽지가 않다. 많은 요양보호사분들을 만나 보았지만, 치매 환자의 케어에 능숙한 분들은 교육도 중요하지만 타고난 성격이 공감능력이 높고 인내심이 강하며 성격이 온유한 분들이 많았다. 치매는 그 사람의 인생을 이해해야 공감하고 케어할 수 있기 때문이다.

치매 환자들의 경우, 그분이 현재 하는 행동과 말 모두 그 사람의 살아온 인생 전반의 개인사에서 나올 수 있는 행동들임을 생각해 보아야 한다. 내가 경험했었던 치매 이상증상을 보였던 분들의 과거를 알게 되니 현재의 문제행동을 이해할 수 있었다.

예를 들면, 80대 기초수급권자였던 독거 여자 어르신은 저장 강박증이 있었는데, 과거에 가난으로 항상 배고픔으로 살았기에 음식이 썩더라도 쌓아 두어야만 불안함을 느끼지 않았다. 그리고 70대 독거 여자 어르신은 과거에 사람들에게 사기를 당했거나 자녀들에게 재산을 빼앗긴 경험이 있어 요양보호사님

외 모든 사람들을 도둑으로 의심했다.

남편과 함께 살고 있었던 80대 여자 어르신은 바람둥이 남편 때문에 젊은 시절부터 극심한 정신적 고통을 받으셔서, 모든 여자들을 의심하여 의부증이 심했었다. 와상상태인 아내와 함께 살고 있는 80대 남자 어르신은 과거에 육군 장교였던 자신의 애국심을 표현하고 싶은 마음을 현재 쓰고 계시는 모자에 태극기 모형을 여러 개 꽂아 놓고 다니신다. 우리에게는 이상하게 보일지 모르지만 젊은 시절 자신의 모든 것을 바쳐 나라를 사랑했던 마음의 표현인 것이다.

내가 경험한 이러한 사례들에서 보면, 현재의 단편적인 행동들만 보면 정말 이상한 노인으로만 보일 수 있지만 그 개인사를 알고 공감하면 왜 이런 행동들을 보였는지 이해할 수 있게 된다. 이렇게 이해하게 되면 어르신들이 싫어하고 부정적인 감정을 가질 수 있는 행동들과 말을 사전에 조심하게 되어 케어에 긍정적인 영향을 줄 수 있는 것이다.

치매, 지금 현재의 부정적인 면만을 보고 괴팍하고 고집스러운 노인이라고 생각하지 말길 부탁드린다. 그러기 이전에 이분이 어떤 삶을 살아왔기에, 또 어떤 문제점이 있기에 현재의 문제행동을 보이는지 이해하려는 따뜻한 마음 자세를 가질 수 있어야 한다.

앞으로 노인들의 수는 더 많아질 것이며, 그만큼 치매 환자의 수도 많아질 것이다. 이분들의 삶의 마지막의 인권을 어떻게 지켜 줄지, 이를 어떤 식으로 이해해서 케어해야 할지 다 함께 고민해 볼 문제이다.

참고

요양보호사분들께 추천하고 싶은 책이 있다. 오자와 이사오의 『치매를 산다는 것』이다. 일본 의사가 쓴 책인데 치매를 이해하는 데 더없이 좋은 책이다. 초고령사회를 이미 경험한 일본이기에 유독 치매 환자를 대하는 일본 정신의학과의사들의 철학과 깊이 있는 통찰에 나는 항상 깊게 공감했다.

진찰과 진단으로 약만 처방해 주는 기계와 같은 의사와는 달리 치매 환자들을 공감하고 그들의 삶을 이해하려는 고고한 철학적 이념에 존경할 수밖에 없다. 역사적으로 좋지 않은 감정이 얽혀 있는 일본을 개인적으로는 좋아하지 않지만 배울 점은 배워야 한다고 생각한다.

자녀에게 고통과 상처를 준 어머니의 마지막

약 2년여 전에 1.5룸에서 독거로 살고 계신 어머니가 계셨다. 타 지역에서 살다가 우리 지역에서 살고 있는 따님 댁 가까이로 이사를 오시면서 우리 센터와 계약을 하게 되었다. 그런데 첫 계약 때부터 "요양보호사들에게 어떤 교육을 시키나? 물건을 훔쳐 가지 않도록 교육하나?"라 물으며 첫인상부터가 아주 예민하고 까다롭다는 것을 직감적으로 알 수 있었다.

많은 사람들을 만나다 보니 그 사람의 얼굴 · 말투 · 몸짓 등을 보면 이 사람이 어떤 사람인지 대략 알 수 있다. 그렇게 해서 요양보호사 선생님을 연결해 드렸는데, 이런 까다로운 분을 감당할 만한 성품과 성격이 유연하고 책임감이 강한 선생님으로 보내 드렸다. 선생님의 훌륭한 인품 덕에 까다로운 우리 대상자를 문제없이 케어해 드릴 수 있었다.

아무리 까다롭고 까칠한 분이지만, 나는 이해할 수 없는 것이 하나 있었다. 다름 아닌 바로 자녀들이었다. 계약을 했던 따님도 어머님과 항상 의견 차이로 다툼이 있었고, 서로 대화가 통하지 않다 보니 늘 서로에게 불평과 불만이 생기고 있었다. 병원 가는 것부터 돈 문제까지 어느 것 하나 서로 소통이 되는 것이 없었다.

어머니의 파킨슨씨병의 상태가 악화되어 낙상하는 일들이 많아지면서 결국은 요양병원에 가게 되었다. 그런 와중에서도 병원에 모실 것인가, 집에 그대로 둘 것인가에 대한 결론을 내기까지 자녀들 간에 너무나도 많은 의견 충돌과 다툼이 있었다.

그러던 어느 날 따님과 깊은 이야기를 나눌 기회가 있었는데, 자녀들 모두 어머니에 대한 원망과 상처들이 너무 많았다는 것이었다. 어릴 때부터 남편을 두고 외도를 하거나 남편 사망 후 많은 남자들을 만났는데 그중에는 어린 자녀들을 때리는 남자도 있었다는 것이다.

그런 일들을 겪으면서 자녀들에게는 트라우마가 생겼고, 나이가 들어서도 병든 어머니를 애틋하다고 생각하기엔 너무나 많은 상처들이 가슴에 남아 있었던 모양이다. 한편으로는 밉고 한편으로는 안쓰럽기도 하는 양가감정을 겪고 있었던 것이다.

그런 와중에 어머니께서 유독 아들에게만 편애가 심했던 것도 또 다른 갈등을 일으키는 원인이 되고 있었다. 사정이 이러했으니 자녀들은 어머니의 병원비며, 간병비용 등을 서로 미루고 책임을 서로 떠넘기고 있었던 것이었고 크고 작은 문제로 의견 충돌을 했던 것이다.

어머니는 젊으셨을 때 자녀들에게 너무 많은 상처와 고통을 주었고, 이는 자녀들이 성인이 된 지금도 절대로 잊히지 않는 마음의 상처가 되고 있었다. 한 사람의 마지막 인생을 보면 과거의 삶이 어느 정도 보인다. 어머니의 입장에서는 또 다른 사정이 있었겠지만, 자녀들에게 상처를 안겨 주면 그것이 노년에 다시 되돌아오게 되는 것 같다. 나는 실제로 그런 사례들을 많이 보아 왔다.

부모로 산다는 것은 무엇인가! 자녀들을 위해서 희생하는 것이 당연한 것인가? 아님 미련 없이 자신이 하고 싶은 일들을 하면서 살아야 하는 것인가? 참으로 어려운 문제인 것 같다. 하지만 분명한 것은 부부 문제는 당사자들 간의 문제로 끝나지 않는다는 것이다.

이혼이며 다른 배우자나 연인을 만나는 것은 자녀들이 미성년자일 때에는 피해야만 한다는 것을 이 어머니를 통해서 더욱 느끼게 되었다. 그런 상황이 어린 자녀들에게는 큰 상처와 트라우마로 남게 된다. 이렇게 상처를 받은 자녀들이 자라서 성인이 된다고 노인이 된 부모와 관계가 좋아질 리 없다.

이것은 어디까지나 나의 생각이므로 다른 의견을 가진 분도 있을 것이다. 그럼 부모의 인생은 없는가라고 물을 수 있다. 하지만 내가 많은 노인들을 만나면서 느낀 것이 있는데, 그것은 바로 불행한 자녀들이 있는 부모들은 전혀 행복하지 않다는 것이었다. 이것은 젊은 부모들도 마찬가지일 것이다. 내 자식이 아파하고 힘들면 그 어떤 부모가 행복할 수 있을까! 그것이 부모의 마음이며 숙명인 것을….

많은 노인들의 임종을 보면서 느낀 것은 사망 이후에 그 사람이 인생을 어떻게 살았는지가 보인다는 것이다. 많은 사람들에게 둘러싸여 행복하게 임종하는 사람이 있는가 하면, 자녀들이 한 명도 오지 않거나 장례식장에 조문 오는 사람을 거의 볼 수 없는 사람도 있다.

어떻게 아름답게 삶을 마무리해야 되나. 이것은 어쩌면 치열한 삶보다 더 중요할지도 모르겠다.

장기요양보험 현장엔 갑도 을도 없다

최근에 아는 지인분들이 간병인을 구해 달라고 부탁하는 경우가 있었다. 내가 재가센터에서 근무를 하다 보니 과거에 일했던 요양보호사분들이나 보호자들이 종종 이런 이유로 나에게 연락을 해 온다. 간병인으로 일하다가 요양보호사자격증을 취득해서 요양보호사로 일하는 분들이 많기에 내 인맥을 동원해서 이런 분께 연락을 해 보았다.

그렇지만 간병인을 구하는 것은 그야말로 하늘의 별 따기였다. 또 간신히 구한다 해도 남자 환자는 하지 않고 여자분만 원하는 경우가 많다. 간병인의 특성상 여자분들이 많고 고령자이므로 무겁고 힘이 드는 남자 환자들은 자연히 꺼리게 되는 것이다.

나는 농담으로 가족들에게 이런 말을 했다. "어떤 일이 있어도 아프지 말아야지. 이제 아프면 간병해 줄 사람도 구하지 못하는 세상이 되었다."고…. 지금 시대가 이러한데, 아직까지도 세상의 이치와 변화를 깨닫지 못하는 사람들이 많은 것 같다.

24시간 대상자 집에 상주하면서 간병을 해 드리는 간병인이 있었는데, 그분은 요양보호사자격증이 있어서 하루에 4시간은 요양으로 급여를 받고 나머지는 보호자인 며느님이 주는 개인 비용으로 일을 했다. 대상자가 낙상으로 병원에 입원하면서부터 간병을 해 주고 퇴원 후에도 몇 년을 돌봐 주었는데, 보호자인 며느님이 그 선생님을 자기 뜻대로 좌지우지하려고 하는지 요양보호사분의 불만이 이루 말할 수 없었다.

한 달에 한 번씩 사회복지사로 그 집에 모니터링을 가는데, 현관문 앞에서도 들릴 정도로 요양보호사에게 명령조의 말투가 들리곤 하였다. 개인비용으로 주는 월급도 제때 주지 않고 몇 달이 밀리면서도 일방적이고도 이기적인 태도가 문제였던 보호자였다.

한동안 우리 센터를 떠나 타 센터에 있다가 다시 계약을 하게 되었는데, 그동안 그 요양보호사 선생님은 그 집을 떠나고 보호자가 전화를 해도 받지 않는다고 하였다. 그리고 그 집은 아직까지도 사람을 구하지 못하고 있다. 간병비용이 서로 맞지 않아서 문제가 생겼다고 하는데, 간병비용을 훨씬 많이 주어도 구하지 못하는 것이 지금의 현실이다.

그만큼 수요는 많은데 간병을 해 줄 사람이 부족한 것이다. 그러니 그 보호자도 한편으로는 약자일 수도 있을 것이다. 하지만 그럴수록 상대방에 대한 배려를 잃지 말고 존중하는 태도로 대해 주었으면 요양보호사님이 그만두는 일은 없었을 수도 있다. 그만큼 좋은 요양보호사님이었던 걸로 기억한다.

이 세상은 무엇을 함에 있어 상대방 위에서 군림하면 트러블이 생기게 마련이다. 장기요양보험 안에서도 마찬가지이다. 자신의 아픈 부모님을 요양보호사께 맡긴다는 것은 그분에 대해 믿음을 갖고 신뢰를 보여야 한다. 그래야 요양보호사분도 자신을 믿는 만큼 대상자에게 최선을 다하게 마련이다.

말 한마디라도 "감사하다, 고맙다, 수고하신다, 우리 어머니가 너무 까다롭죠? 최선을 다해 줘서 감사하다, 우리들이 못하는 일을 해 줘서 너무 감사하다." 이런 아름다운 말이 있지 않은가! 수많은 어르신들과 가족들을 만나 보면서 요양보호사님과 긴 세월을 잘 지내시는 분들은 모두 이런 말들을 하시는 분들이었다.

내 부모를 내가 모셔 보아도 힘들고 이해하지 못할 경우가 많은데, 나를 대신하여 케어해 주시는 분들의 노고는 얼마나 클지 한 번 더 생각해 보았으면 한다. 장기요양보험 현장 안에서 우리는 누가 갑이고 을이 되어서는 안 된다.

대상자, 보호자들, 요양보호사님들, 사회복지사, 시설장들이 있지만 우리는 모두 동등한 관계에서 서로에게 모든 일들을 협력하고 조언을 구해야 하고 존중해야 한다. 대한민국 사회가 고령사회로 진입한 이 시대에 노인들의 존엄한 케어를 위해서 우리들은 그 신념을 갖고 모인 사람들이다. 그러므로 이 제도가 더 발전되고 향상되려면 우리 모두 동등한 관계에서 서로 이해하고 공감하며 존중해 주는 태도가 필요할 때이다.

방문요양센터에서의 성희롱

방문요양센터에서 요양보호사님을 향한 남자 대상자들의 성적인 희롱은 만연했다. 현장에서 일하다 보면 성적으로 부적절한 행동을 하는 남자 대상자들이 이렇게 많은 줄은 전에는 상상도 못했었다. 신체가 불편한 자신들을 케어해 주러 온 요양보호사분께 감사하다는 표현은 못할망정, 어떻게 입에 담을 수도 없는 저속한 표현과 말을 하는지 나는 정말 이런 대상자들을 이해할 수 없다.

마음이 약하고 여린 선생님들은 그런 일을 당하고 나면 그만두거나 다시는 남자 대상자는 맡지 않는다. 원칙적으로는 요양보호사가 성희롱을 당하면 신고를 해야 한다고 하지만, 어디 현장에서 신고를 하는 선생님들이 얼마나 많겠는가? 노인을 신고한다는 것도 마음에 걸리고, 당장 생계가 달린 문제이기도 하며, 센터에 피해를 줄까 그것도 고민이고…. 이런저런 이유로 마음속으로 끙끙 앓다가 모니터링 가면 그때 밖으로 나와 고초를 토로한다.

또 센터들도 문제가 있는 것이 이념과 무늬만 노인복지이지,

실제적으로는 자신들의 생계 목적을 위해서 창업한 사람들이 많은 게 현실이다. 물론 그렇지 않은 곳들도 많겠지만. 어쨌든 자신들의 이익 문제로 위와 같은 대상자들에게 어떠한 조치도 하지 않는 곳이 많고, 참고 일하라고 강요하는 곳들도 많다고 들었다. 이것은 모두 현직요양보호사님들로부터 들은 이야기이다.

우리 센터에서도 부적절한 성희롱을 하는 대상자들이 있었는데, 이런 사람들의 보호자들에게 말을 하면 절대로 인정하려 들지 않았다. 그렇게 믿고 싶은 건지, 인정하고 싶지 않은 것인지 모르겠지만, 본인들의 아버지는 그럴 사람이 아니라고 한다. 상황이 이러니 확실한 증거가 없으면 요양보호사님만 이상한 사람 취급당할 수 있는 것이다.

성희롱 자체가 은밀한 곳과 둘만의 공간에서 이루어지는 경우가 많다는 특성상 요양보호사님과 있을 때만 그런 행동을 하고 가족들과 사회복지사인 내 앞에서는 아주 정상적인, 그야말로 이중적인 모습을 보인다.

노인의 성희롱 문제는 가족과 얽힌 일이라 아주 미묘하고 어려운 문제이므로 방문요양센터에서 해결하기 아주 힘든 문제이다. 대부분의 대상자와 보호자들은 이런 문제에 직면하지 않는다. 바로 연락두절하고 다른 센터로 가 버리기 일쑤다. 이런 사정이 빈번하니 센터 입장에서는 대상자를 잃게 되는 것이고 그 만큼 수익이 줄어드는 것이었다.

사정이 이러니 우리 센터에서도 이런 일이 생기면 요양보호사를 교체하는 수밖에 없었다. 요양보호사분들은 각자 개성이 있고, 저마다 다른 장단점이 있는데, 그중에서는 유독 남자 대상자들을 잘 케어하시는 분들이 있다.

이런 성희롱을 하는 사람들도 아주 능수능란하게 다룰 수 있는(어르신을 대상으로 다룬다는 단어가 부적절하지만 이런 분들이 가지 않으면 아무도 케어하신다는 분이 없고, 성희롱은 신고대상자이므로 그럼에도 이렇게라도 케어해 드리려는 우리에게 감사해야 한다고 생각한다. 이 성희롱 문제는 분명한 범죄행위임을 알아야 한다. 우리가 신고를 하는 것이 당연한데도 이렇게라도 측은지심한 마음으로 돌봐 드리는 것에 감사해야 한다고 생각한다) 분들이 계신데, 그런 분으로 교체하는 것으로 그 대상자의 기를 꺾어 놓았다.

이런 대상자들은 요양보호사분들을 봐 가면서 희롱을 한다. 자신의 눈에 만만해 보이는 분들을 가려 가면서 이런 행동을 보이는 경우가 있으니, 모든 일에서 공과 사를 구분하고 대화할 때도 공적인 대화 외에는 틈을 주지도 말아야 한다. 한 선생님이 대상자에게 자신의 사적 이야기(남편과 사별하고 혼자 산다는 사실)를 말한 후로 대상자의 성희롱이 시작된 사례도 있었다.

그리고 자신이 감당하지 못할 것 같으면 바로 센터에 이야기해서 조치를 취할 수 있도록 해야 한다. 우리 센터는 이런 일이 생기면 경험이 많고 강한 선생님으로 교체한다. 힘들어하시는 선생님께 강요도 하지 않지만, 센터의 유지를 위해서 성희롱 대상자들을 다 보낼 수는 없는 것이 현재 방문요양센터의 현실이다.

그런 조치를 취하기에는 성적으로 부적절한 행동을 하는 남자 대상자들이 너무 많다는 것이다. 이 말에 의견을 달리하시는 분들이 있을지 모르겠지만 최소한 내가 경험한 남자 노인들 중 10명 중 7명이 정도의 차이는 있었지만 그랬었다.

인지가 정상이면서 젊은 수급자, 수급자의 보호자들이 성희롱을 하는 경우에는 계약을 종료하는 일도 있지만, 70세 이상의 고령 노인대상자들이 언어적으로 성희롱한다고 하여 다 신고할 수 없고 계약 종료도 매번 할 수도 없는 것이 장기요양센터의 현실이다.

또 다른 사례는 내가 요양보호사교육원에서 강의를 할 때였다. 수강생분 중 여자분이 있었는데 현재 남편이 등급을 받아 방문요양센터에서 요양을 받고 계신다고 하였다. 남편을 케어하시는 분은 남자 요양보호사였다. 그런데 이 요양보호사가 종종 아내분께 전화를 해서 따로 만남을 요구하고 불편한 연락을 계속한다는 것이었다.

남편이 저렇게 아파서 누워 있어 타인의 도움을 받고 지낸다는 사실을 이용해서 파렴치한 행위를 한 것이다. 이런 식으로의 행동이 계속되면 이것은 스토킹이라고 해야 하고 스토킹이 발전하면 성폭력으로도 되는 경우가 많기 때문에 나는 아내분께 센터에 이야기하고 시정해 줄 것을 강력하게 요청하라고 했다.

그런데 이분은 쉽게 결정을 내리지 못하고 있었다. 자신의 남편이 남성이니 남자가 케어를 하는 것이 맞다는 고정관념을 갖고 있었기 때문이다. 이 때문에 쉽게 센터에 이의를 제기하지 못하고 있었다. 방문요양센터에서는 남자 요양보호사가 극히 드물기 때문에 불평을 말하면 그 직원이 그만둘까 봐 노심초사였다.

물론 남성을 케어하려면 힘도 필요하다. 그래서 어쩌면 일정 부분에서 남자가 필요할 수도 있다. 하지만 케어에 있어 기술도 그만큼 중요하다. 그렇기 때문에 많은 여성 요양보호사님들이 노인 남성을 케어하는 데 큰 무리가 없는 것이다. 나는 이러한 사실을 알려 드리고 현명한 결정을 하시도록 말씀드렸다.

어떻게 대상자를 케어하러 온 요양보호사가 보호자에게 이런 부적절한 행동을 할 수 있는지 정말 어이가 없고, 그 사람의 인격을 의심할 수밖에 없다. 그런 사람은 절대로 요양보호사란 직업을 가져선 안 된다. 남편의 병간호로 지쳐 있는 보호자에게 아픈 상처를 이용해서 파렴치한 행동을 하는 사람이 어떻게 돌봄 인력이 될 수 있겠나. 자신이 스스로 그만두어야 한다고 생각한다.

코로나 시대에
대상자의 집에서 양치질을 한다고?

요양보호사교육원에서 강의할 때 한 수강생분이 이런 질문을 했다. 본인의 친정어머니가 한 센터에서 요양을 받고 있는데, 요양보호사분이 어머니와 보호자의 허락이나 동의 없이 양치질을 한다는 것이다. 그것도 거실과 화장실을 마구 오가면서 마치 본인의 집처럼 행동한다는 것이었다. 일부 요양보호사분들 중에는 대상자의 가정이라는 곳을 너무 편하게 생각하여, 공적인 직장임을 잊어버리는 분이 있는 것 같다. 만약 대상자의 집을 공적인 직장이라고 생각한다면 이런 일들이 일어날 수 있을까?

대상자의 집에서 이루어지는 모든 일에는 반드시 대상자와 보호자의 동의를 얻고 실행해야 함을 명심해야 한다. 입장을 바꿔서 요양보호사님들의 집에 남이 와서 그런 행동을 한다면 어떤 생각이 들지 입장을 바꾸어 보라는 것이다.

요양보호사분들이 오전, 오후의 일을 하면서 이동하다 보면 시간이 촉박할 수 있음을 나는 잘 안다. 그래서 차 안에서 점심을 해결하는 분들도 계신다. 때로는 오전에 일을 끝내고 다음 대상자에게 이동해야 하는데, 이 대상자는 혼자서는 밥을 차려 드실 수 없으므로 밥을 차려 드리고 같이 먹어야 하는 일들도 많다. 항상 변동이 많고 변수가 많은 것이 바로 방문요양센터의 현실이다.

그러므로 대상자의 집에서 양치질을 할 수는 있지만 사전에 반드시 동의를 얻어야 한다. 사소한 일이라고 생각하여 원칙에 어긋나는 일을 하면 반드시 문제가 생기게 마련이다. 특히 요즘과 같은 코로나 시대에 대상자의 집에서 양치질이라니! 감염이라도 될 가능성을 생각한다면 너무나도 안이한 태도였다.

코로나 시대가 된 후, 요양보호사분들은 대상자의 집에서 요양을 하는 동안에는 절대로 마스크를 벗으면 안 된다. 요양 시간 내에는 반드시 마스크를 착용해야 한다. 요양보호사분이 대상자에게 감염을 시킬 수도, 대상자와 보호자들이 요양보호사분께 감염을 시킬 수도 있는 일이기 때문이다.

어쨌든 그 수강생분은 이런 요양보호사를 어떻게 했으면 좋겠냐고 물었다. 이에 나는 이렇게 답변해 드렸다. 그런 불편한 행동들에 대해 시정해 주실 것을 먼저 요양보호사에게 전달해 드리고, 그래도 반복이 되면 사회복지사나 시설장에게 전화를 하여 상담을 하라고 말이다. 먼저 센터에 전화를 할 수도 있으나, 매일 마주하는 사람이니 차후에 관계가 불편해질 수 있는 가능성에 직접 말씀드리길 부탁하였다.

코로나가 초기에 유행할 때에는 특정 집단, 지역에서 발병했으나 이제는 일상생활에서 모두가 감염될 수 있음을 우리는 안다. 그러므로 모두 조심해야 한다. 특히 우리와 같이 감염에 취약한 노약자를 케어하고 관리하는 직군들은 더욱 조심하고 민감해져야 한다. 혹시 모를 우리의 감염으로 노인들이 사망에 이를 수도 있기 때문이다.

식사 약속도, 종교 생활도, 지인과의 만남에도 늘 거리를 두고 만남의 횟수를 자제하시기를 부탁하고 싶다. 때로는 이런 행동지침들을 우리에게만 강요하는 것 같아 권리는 줄고 책임만 강요받는 것 같아서 화가 나고 분노가 생기는 분들도 계실 것이다. 하지만 어쩌겠는가! 우리가 감염취약계층인 노인들을 케어하는 직군임을 부정할 수는 없다.

물론 화가 나고 우리만 억업받는 것 같은 생각도 들 수 있겠지만 우리들이 케어하는 어르신들만 생각해야 한다. 내가 정성껏 돌보는 어르신들이 나로 인해서 감염되고 사망하게 된다면 그로 인한 자책감도 클 것이다. 선생님들 모두는 자신이 맡은 어르신들에 대해 애정과 사랑을 갖고 있다. 그렇기 때문에 자책감도 클 것이다. 선생님들 자신의 감염에 늘 주의하는 것이 선생님들의 건강도 지키고 어르신들도 보호하는 방법일 것이다.

감염에 대한 지침은 비단 요양보호사님과 사회복지사와 같은 직군들에게만 강요할 것이 아니라 보호자들이나 대상자들에게도 마찬가지이다. 나의 부모님과 부모님을 케어해 주시는 요양보호사님들을 위해서 부모님 댁에 방문할 때는 반드시 철저한 마스크 착용과 손 소독을 부탁드린다.

때로는 이런 행동들이 너무 원칙적이고 예민하다고 말하는 분들이 있지만, 실제로 마스크 미착용으로 인해 코로나에 감염되어 사망한 노인들이 있었고 요양보호사까지 감염된 경우가 우리 센터에도 있었다.

코로나 진단을 받았음에도 부모님의 집을 방문하였는데, 이렇게 되면 부모님과 요양보호사님이 감염 환경에 노출되었음에도 자신이 코로나 확진된 사실을 센터에 알리지 않았다. 그래서 아버님이 확진되고 그 후 요양보호사님이 확진되는 원인을 제공하였다. 또 요양보호사님이 요양 중 마스크 착용을 하지 않았던 것도 확진되는 데 원인이 되었다.

불편하다고 혹시나 하는 느슨한 대응으로 노마스크로 요양을 하다 이런 결과를 초래한 것이었는데, 감염에는 철저한 예방만이 막을 수 있음을 알아야 한다. 철저한 대응은 눈에 보이지 않을 수 있으나 느슨한 방어는 감염이라는 결과를 볼 수 있다. 나는 이 경험으로 과잉예방이 느슨한 방어보다는 낫다는 사실을 다시 한번 느끼게 되었다.

치매 환자의
간이 악화된 이유

방문요양서비스를 받으시는 대상자분들은 고령에 만성질환을 가지고 있는 경우가 대부분이다. 그래서 드시는 약의 가짓수도 많고 용법도 다르고 시간도 각각 달라서 혼자서 드시기에 어려운 점도 많다. 인지가 정상이거나 가족들과 함께 살고 있는 분들은 그나마 다행이지만, 혼자 살고 있는 독거노인인 경우에는 상황이 더 나쁘다.

독거노인에 치매를 앓고 있던 어머니가 계셨다. 상가아파트에서 혼자 살고 계셨는데 치매 환자였으니 약품을 제대로 관리할 수가 없었다. 처음 계약을 하여 집에 찾아갔더니 드시는 약이 얼마나 많은지…. 옛날에 타 온 약과 새로 타 온 약이 뒤섞여서 온통 안방 서랍장에 약봉지만 어마어마하였다.

약을 타 온 것을 잊어버리고 다른 병원에 가서 또 타 오고, 그렇게 타 오고도 제 날짜에 제시간에 드시지 못하여 산더미처럼 쌓인 것이었다. 음식점을 하시는 따님이 어머니를 돌볼 수가 없어 우리 센터와 계약을 하였는데, 따님도 일을 하느라 나름대로 사정이 있었겠지만 어머니의 산더미 같은 약과 어지러운 집을 보고는 정말 크게 놀랐다.

치매가 있어 기억력이 악화되었으니, 약을 못 드시는 날이 일주일 이상 되었다가도, 드시는 날에는 치매약 다섯 봉지를 한꺼번에 드시니 컨디션이 엉망이고 누워서 일어나지 못하는 날도 있었다. 요양보호사님과 상의한 후, 어머니의 모든 약을 손이 안 닿는 싱크대 위에 숨겨 놓고 점심 식사 후 약을 드리고 드시는 것을 확인한 다음 퇴근하시도록 당부하였다. 그 후부터 어머니의 상태는 점점 좋아지고 컨디션도 상승하게 되었다.

하지만 문제는 또 있었다. 우리 센터와 계약 후 4개월이 지난 어느 봄, 어머니께서 낙상하는 바람에 갈비뼈가 골절되는 사고가 벌어진 것이다. 통증과 설사가 함께 나타나서 결국에 병원을 내원하게 되었다.

요양보호사님께서 병원을 오가며 진통제와 약을 타 오시고 제시간에 복용하시도록 도와서 별다른 문제는 없었는데, 요양 시간 외 선생님이 없는 시간이 문제가 되었다. 어머니께서 약을 드시는데도 통증이 지속되자, 동네 어르신들에게 전화를 하여 약국에서 진통제를 사 달라고 부탁한 것이었다.

병원에서 타 오신 약을 드시고도 통증이 금방 사라지지 않는다고 의사의 처방 없이 사온 약국 약을 또 드시면서 그렇게 약물을 과다복용하는 일들이 많아졌다. 게다가 설사 증상을 완화하기 위해서 요양보호사님이 어머님을 모시고 병원에서 링거를 맞게 하여 증상이 많이 호전되면, 동네 어르신들이 기름기가 많은 부침개를 어머니께 드려서 드시게 하였고, 이에 설사가 또다시 반복되는 일들이 발생했다.

아무리 요양보호사님이 어머니의 케어를 잘하시면 뭐 하겠는가? 요양 시간 외의 일들은 우리가 알 수 없으니 이런 외부적인 변수 때문에 어르신들의 건강 상태가 악화되는 일들이 생긴다. 혼자 계실 때 낙상에, 약 과다복용에…. 이런 일들이 반복되면서 건강이 악화되었고 그에 따라 치매의 증상도 더 심해져 갔다.

이후 요양원을 가시게 되었고, 가을쯤 다시 우리 센터로 돌아오셨으나 이미 간의 상태가 너무 악화되어 복수까지 찬 상태였다. 내가 생각하기엔 너무 많은 진통제와 약을 처방전 없이 중복해서 드신 것이 간 악화의 원인이었다고 생각된다. 이미 건강 상태가 너무 많이 악화되어 있는 상태였기에 요양서비스를 한 달 정도 받을 때쯤 돌아가셨다.

처음 계약할 때만 해도 치매 외의 신체 상태는 비교적 양호한 편이었는데 어머니의 갑작스러운 사망은 정말 안타까운 일이었다. 대상자의 주변 사람들이 좋은 지역사회 자원으로 도움을 줄 때도 있지만, 이와 같은 사례처럼 나쁜 영향을 주는 경우도 있었다.

'차라리 아는 사람이 없었으면 어머니께서 더 오래 사실 수 있었을 텐데….'라고 생각되기도 한다. 정말 안타까운 사례였다.

요양보호사선생님들 중에서는 별다른 생각 없이 대상자의 감기약이나 기타 약들을 약국에서 구입하여 드리는 경우가 있는데, 이럴 경우에는 환자의 정확한 질병과 드시는 약을 약사가 파악할 수 없으므로 위험한 상황까지 갈 수 있다.

약 중에는 다른 약들과 함께 먹으면 화학반응을 일으켜 건강에 치명적인 증상을 초래할 수 있으며, 사망까지 갈 수 있으므로 주의해야 한다. 따라서 감기 같은 가벼운 증상도 반드시 내원하는 주거래 병원의 주치의와 상담하여 정확한 처방을 받은 약을 드시길 바란다.

사정이 정 안되어 약국에 가게 될 경우엔 반드시 현재 드시는 약의 정보와 질병 상태를 파악하여 약사에게 알려 주어야만 한다는 것을 명심해야 한다. 정확한 약 복용 도움은 요양보호사가 제공해야 할 중요한 업무 중 하나이기 때문이다.

전문성 있는 요양보호사가 되려면

집에서 요양을 받고 있는 1 · 2등급 대상자들은 와상 환자가 많기 때문에 그만큼 욕창으로 고통을 받는 분들이 많다. 욕창은 초기에만 발견해서 잘 관리하면 어느 정도 치료도 되고 더 이상 악화되지 않지만, 조금만 늦게 발견하면 정말 치료가 되지 않는다. 그야말로 더 이상 악화되지 않게만 관리해도 성공한 것이다.

욕창은 대체적으로 체위 변경이 되지 않아 혈액순환이 안 되면서 발생하는데, 그 주요 부위가 거의 등과 둔부, 발뒤꿈치 등에서 많이 발견된다. 특히 엉덩이 부분에 생기는 것이 대부분이지만 걸을 수 있는 4등급 등에서도 발견되는 경우도 있었다.

이분은 과거에 척추질환이 있어 뼈가 튀어나온 경우인데, 소파에 종일 앉아서 생활하니 등에 욕창이 생기게 되었다. 한 달에 한 번 모니터링을 하면서 대상자가 등이 아프다고 하여 보았더니 욕창이 의심되었다. 담당 요양보호사 선생님은 등에 무슨 욕창이냐며 아니라고 우기셨다. 하지만 대상자와 보호자께 병원에 내원하여 정확한 진찰을 받기를 부탁하였고, 병원 내원

후 욕창이라는 진단을 받게 되었다.

요양보호사가 전문성을 인정받으려면 변화하는 수급자의 건강 상태와 질병 상태에 세밀하고 빠르게 반응하여 문제점을 빨리 파악하고 대처해야 한다. 그러기 위해서는 공적인 직무교육 외에도 스스로 케어 지식에 관련된 자료나 정보를 습득하여 자신의 전문성을 키워야 한다. 욕창은 엉덩이에만 생긴다는 자신의 고정관념만을 앞세워 전문의료진의 진단을 지연시키고 대상자의 상태만 나빠지게 하는 것은 전문가라고 할 수 없다.

내가 대상자의 담당요양보호사라고 해서 이분에 대해 다 안다고 생각해서는 안 된다. 나와 같은 사회복지사는 정말 수많은 어르신들의 사례들을 봐 왔기에 요양보호사님들이 미처 파악하지 못하고 놓치는 부분들을 볼 수도 있다. 그래서 한 대상자의 문제점을 파악하기 위해서는 각 분야의 전문가들의 조언이 필요하다.

그래야 다양한 사람들의 의견을 수렴하여 전문의료진의 정확한 진단을 받을 수 있다. 본인이 담당하는 대상자의 질병 상태, 복용 약 등을 반드시 파악해야 하는 이유는 대상자의 목숨과 직결되어 있기 때문이다.

대상자가 파킨슨씨병을 앓고 있는데도 간식으로 인절미와 같은 떡을 사다 드리는 경우도 봤다. 파킨슨씨병이라는 것은 도

파민전달체계에 문제가 있는 질병으로 근육이 굳어지는 병인데, 몸이 경직되어 보행이 어렵고 특히 악화되면 음식을 삼키기기 어려워진다. 이런 대상자에게 인절미라니…. 목에 걸려서 사고라도 나면 사망으로 이어지는 결과까지 갈 수 있었던 사례였다.

일반인들에게도 삼키기 어려운 떡은 더군다나 질병을 앓고 있는 노인들에게는 더 위험한 간식이다. 아무 생각 없이 행하는 요양 속에 어떤 위험성이 있는지를 요양보호사 선생님들은 반드시 알아야 한다.

나는 이 대상자와 배우자를 설득해서 떡은 반드시 피하고 카스텔라와 같이 삼키기 좋은 간식을 권유했다. 유년 시절부터 드셔 오던 떡이기에 쉽게 끊을 수 없는 어르신들이 많은 것으로 아는데, 이제는 본인들을 위해서라도 떡을 드시는 습관은 버리고 그래도 안 되면 비교적 점성이 없는 떡을 조금만 드시길 바란다.

참고

욕창 치료나 도뇨관 관리 등을 위해서 방문간호를 해야 하는 경우, 그 방문요양간호센터에서 파견되어 오는 간호사의 경력이 얼마만큼 되고 역량이 어떤지 면밀히 알아보고 사용하는 것이 좋다.

도뇨관 관리에 능숙하지 못한 간호사가 본센터 대상자의 집에 방문하여 도뇨관 교체를 하는 데 1시간이 넘게 걸리고 피가 나고 하여 고통을 받은 적이 있었다. 그 후로 아버님께서는 패혈증으로 사망하게 되었는데, 만약 보호자들이 이것을 문제 삼았으면 법적으로도 소송에 휘말릴 수 있었던 사례였다. 하지만 워낙 열악한 상황에 질병을 안고 있었던 고령인 아버님의 죽음을 자연스럽게 받아들였던 보호자들은 그것을 문제 삼을 정도의 여유가 없었다.

그 간호사는 이런 상황에 대해 아마도 감사해야 할 수도 있다. 까다롭고 원칙적인 분들이었다면 큰 소송에 휘말렸을 수도 있었을 것이다. 따라서 자신이 할 수 없는 영역은 다른 의료기관을 연계시켜 드리는 것이 현명하다. 자신의 부족한 능력으로는 한 어르신의 생명을 위협할 수 있다는 상황을 알면서도 그대로 방치하는 것은 환자에 대한 기만이다.

방문요양과 방문간호를 함께 운영하는 센터에서 간호서비스를 받기보다는 대상자가 다니는 병원에서 주치의의 처방을 받은 다음 가정간호방문(전문성에서 신뢰가 있음)을 이용하기를 권유하고 싶다. 우리 지역에서는 의료원에서 가정간호방문은 하지 않고 3차 대학병원에서 하고 있다. 지역별로 다를 수 있으니 잘 파악해서 받기를 바란다.

방문요양센터에서 방문간호를 받으려 해도 간호사가 30분 이상 방문하는 수가와 요양보호사가 3시간 방문하는 수가가 맞먹는다. 즉, 30분 방문간호를 받으면 요양보호사는 하루(3시간)를 빼야 한다. 사정이 이러니 대상자들은 방문간호를 잘 받지 않는다. 잠깐의 방문간호보다는 요양보호사가 내 집에 와서 나를 도와주는 것을 더 원한다.

그래서 건강보험영역(경제적인 소득에 의해서 차등으로 비용을 부담하는데 그 금액이 부담될 정도는 안 되는 것 같았다)인 주치의에 의한 전문적이고 신뢰성이 있는 가정간호를 받는 것도 좋은 방법일 것이다.

요양보호사의 차량을 이용하려는 대상자들

대상자들 중에서는 요양보호사들의 차량을 이용하고 싶어 하는 사람들이 의외로 많다. 요양보호사의 업무 가운데 불가능한 업무 중 하나가 바로 요양보호사의 차량을 사용하지 않는 것인데….

심지어는 계약을 할 때 혹은 요양보호사 교체를 원할 때조차 그들은 대놓고 이런 요구를 한다. 그런데 잘 알지 못하여 이런 요구를 했다가도 안 된다는 사항을 말씀드리면 죄송하다고 잘 몰랐다고 하면서 바로 시정해 주는 분들도 많지만, 그렇지 못한 사람들이 의외로 있었다.

앞서 언급했듯이 방문요양센터들의 시설장들도 자신의 생계가 달린 문제이므로 이러한 문제점을 알면서도 슬며시 요양보호사분들께 순응해 주길 원한다. 원리원칙적인 시설장들도 많겠지만 영세업자이니만큼 갑질의 대상자들의 요구를 묵인하고 있는 사람들도 많다는 것.

요양보호사가 이러한 대상자들과 그 가족들의 무리한 요구를 정당하게 거부한다 해도 시설장들은 다른 요양보호사로 교체하면 그뿐이다. 이러한 사정과 구조적 문제로 인해 실질적으로는 암암리에 요양보호사들이 요양보호 업무 외 일들까지 강요받고 있다.

요양보호사의 차량으로 대상자들을 태우고 이동하거나 업무를 보게 되면 자칫 법적인 문제에 휘말릴 수 있다. 사고는 언제 어느 때 예고 없이 생길 수 있고 교통사고와 인명 피해가 있을 경우 1차적인 책임을 요양보호사에게 물을 것이다.

사람 관계에서는 평탄할 때는 문제가 생기지 않는다. 대상자와 가족들이 좋아 보이고 당장 아무 일 없다고 대책 없이 지속적으로 이런 요구를 들어주었는데, 만약 사고가 나게 되면 가족들 중에는 반드시 그 책임을 물으면서 문제를 제기하는 사람들이 있을 것이다. 그때 후회해도 아무 소용없다.

차량 문제는 비단 대상자와 그 가족들의 요구에 의해서 행해지지만은 않는다. 일부 요양보호사들은 자신들이 스스로 대상자를 자신의 차량에 태우고 병원에 다녀오기도 하고 장을 보러 다니기도 한다. 교육을 받지 못해서인지, 교육을 받고도 그것이 큰 문제가 되지 않는다고 생각했는지는 잘 모르겠지만 말이다.

요양을 하면서 수시로 관리책임자와 소통을 하고 업무 보고를 해야 하는 이유가 바로 여기에 있다. 요양보호사들 중에는 대상자와 관련된 일들을 하기 전에 반드시 센터와 상의를 하고 보고할 의무가 있음에도 불구하고 이와 같은 중요한 일들을 혼자서 해결하려고 한다. 공적인 직장 생활의 조직 안에서 절차와 지켜야 할 규칙은 반드시 기억하며 일을 하셨으면 좋겠다.

요양보호사의 직무에 관련된 한 논문이 기억에 남는데, 그 내용에는 방문요양센터의 요양보호사들의 전직을 통계 내 보았는데 직장 생활이 전무한 전업주부가 가장 많은 비율을 차지하고 있다는 사실이었다. 이것은 즉, 사회경험이 많지 않은 사람들이 많다는 것이고, 사회 경험이 없다는 것은 조직의 시스템과 절차에 익숙하지 않다는 것을 의미한다. 그래서 요양보호사로 일하면서 이런 점을 간과하고 자신의 생각과 고집대로 일을 하는 분들이 많은데, 실제로도 나는 이런 분들을 많이 경험하였다.

어쨌든, 요양보호사 외의 업무를 강요하고 요구하는 대상자들이 생기지 않도록 공단에서는 반드시 최초등급 판정할 때 대상자와 가족을 대상으로 이에 대한 교육을 철저히 했으면 좋겠다. 공단에서는 이들에 대한 교육을 한다고 하는데, 그렇다면 왜 실제 현장에서 이런 부당한 업무를 요구하는 사람들이 이렇게 많은가?

교육이 아닌 법적 처분을 만들어야 할 것이다. 그래야 요양보호사들이 이들의 부당한 요구를 들어주면서 힘들게 일하는 일들이 생기지 않을 것이다. 이런 비상식적인 대상자들과 보호자들의 횡포에 마음의 상처를 받고 요양보호사라는 일을 그만두는 분들이 많은데, 이렇게 진실된 요양보호사분들이 현장에서 떠나게 되면 그 피해는 결국 자신에게 돌아온다는 점을 알았으면 한다.

참고

대상자의 일상생활지원 중 외출 시 동행할 때는 비교적 스스로 활동이 가능한 4 · 5등급은 택시로 이동을 하고 이동하기 힘든 1 · 2 · 3등급은 장애인콜(현재는 교통약자택시)을 이용하면 된다(교통약자택시는 승합차 정도의 크기에 휠체어를 실을 수 있고 운전기사분이 태워 드리고 내려 드리므로 중증환자를 이동하기에 편리하다). 교통약자택시를 이용할 때에는 지자체의 승인이 있어야 하므로 사전에 반드시 관할 동 주민센터에서 신청해야 한다.

대상자를 모시고 병원에 내원할 경우, 자신의 요양 경험과 역량을 반드시 점검하여 내가 대상자를 얼마만큼 보호하고 케어할 수 있는지 반드시 점검해 보고 동시에 센터 시설장이나 사회복지사와 충분히 상담해 보고 판단해야 한다. 만일 혼자서는 대상자를 감당할 수 없을 경우 혹은 사고의 우려가 있으면, 반드시 보호자와 동행하거나 보호자에게 그 업무를 이양하는 것이 자신을 보호하는 현명한 일임을 기억하자.

요양보호사의 불가능한 업무 범위에 대해

요양보호사의 불가능한 업무의 내용은 다음과 같다. 즉, 간호업무(석션, 욕창 소독 및 연고 도포, 관장, 인슐린 투여 등), 대상자의 업무를 볼 목적으로 요양보호사의 차량을 이용하는 행위, 대상자외의 가족들과 관련된 모든 일, 김장, 제사나 명절 음식을 하는 행위, 논농사 · 밭농사에 동원되는 일(농촌에 거주하는 대상자들과 그 가족들이 이런 일들을 요양보호사에게 강요하는 웃지 못할 일들도 있다) 등….

방문요양센터의 요양보호사들은 대상자의 집에서 업무를 진행하기 때문에 요양원보다는 대상자와 그 가족들에게 어이없는 강요와 간섭을 더 많이 받고 있다. 대상자가 당뇨 환자이므로 규칙적인 혈당 확인과 인슐린을 놓아 주어야 하는데, 대상자의 딸이 그 업무를 요양보호사께 너무나 당연한 것으로 요구하는 사례도 있었다.

이 대상자는 두 노부부가 살고 있었고 대상자의 배우자인 할아버지께서 그 관리를 오랜 세월 해 주었지만 배우자가 치매 진단을 받으면서 불가능해진 것이다. 사정이 이러하니 따님이 해야 하지만 자신이 직장 때문에 할 수 없다면서 요양보호사님께 강요를 하게 된 것이었다.

대상자인 할머니께서도 인지적으로 양호한 편이었지만 돈을 내고 사람을 부리는데 이런 일도 당연히 해야 된다는 식으로 말씀을 하였다. 당연히 따님, 대상자에게 인슐린 주사는 간호 업무이고 이러한 일을 하면 위법행위임을 알려 드렸다.

이런 사항을 공지하였음에도 자신의 요구를 들어주지 않으면 우리 센터와는 더 이상 요양을 하지 않겠다고 하였고, 그 후 따님이 인슐린을 관리하였지만 끝내는 자신들의 요구를 들어주는 센터로 가겠다고 하여 계약이 종료되었다.

전국의 많은 방문요양센터가 난립하면서 이러한 결과로 이어지고 있다. 요양원도 그렇고 재가센터인 방문요양센터도 마찬가지겠지만, 시설이나 재가센터 모두 그 이념은 노인복지를 위해서 세운다고 하지만 결국은 개인들의 사적 이익을 목적으로 하는 사람들이 많다는 것을 나는 현장에서 느끼게 되었다.

물론 순수한 소외계층을 위한 철학으로 하시는 분들도 많으시겠지만, 그렇지 않고 자신의 영리를 목적으로 하는 사람들도 그만큼 많았다. 이렇다 보니 위와 같은 비상식적인 대상자들에게 정당한 거부를 한다고 해도 그 어이없는 요구를 받아 주고 들어주는 다른 센터들이 있으므로 다른 곳에 가면 된다는 식의 대상자들이 많았던 것이다. 한마디로 당신 센터 아니어도 갈 곳 많다는 식이다.

이런 부당한 요구를 일방적으로 원하는 대상자와 보호자들의 규제를 위해서라도 지역별로 센터들 간의 단합과 모임이 필요하다. 자신들의 이익과 한 명의 대상자라도 유치하기 위해서 불법적인 요구를 들어주는 센터들이 있는 한 요양보호사들의 인권은 점점 더 추락할 것이며 정당하게 운영하는 센터들도 피해를 볼 것이다.

정당한 이유 없이 무리한 요구를 하면서 센터들을 옮기는 대상자들과 그 가족들에 대한 제재를 누군가는 해야 하지만 현재는 대상자들의 권리만 주어지고 그 부당한 갑질과 같은 행동에 대해서 관리하는 곳은 단 한 군데도 없다는 것이 현실이다.

솔직히 공단과 시군구은 방문요양센터의 수만 기하급수적으로 내어 주기만 했지 그 후의 책임은 전혀 지지 않는 듯하다. 사회복지의 이념과 철학이 없는 사람들이 난립하도록 만들어 놓은 것도 어찌 보면 나라의 책임일 수 있다. 센터와 시설에 관한 관리감독도 중요하지만, 노인장기요양을 이용하는 대상자들과 보호자들의 관리도 필요해 보인다.

과연 센터의 수를 늘리기만 한다고 서비스의 질이 좋아질까? 우리가 다시 한번 고민해 봐야 할 문제이다. 자신들이 센터와 요양보호사 위에서 군림하고 갑이라고 생각하면서 불합리한 요구를 법의 테두리 안에서 요구하는 대상자와 보호자들, 그리고 그 불법적인 요구를 받아 주고 요양보호사님께 강요하는 센터들 모두 감시하고 처벌할 누군가가 필요하다고 생각한다.

지자체에서 운영하고 있는 사회서비스원에서도 대상자와 보호자들의 부당한 요구를 들어주고 있다는 소리가 들린다(대상자들이 요양보호사님의 차량을 이용하려고 하는 것 등을 묵인하고 그렇게 하게 내버려 두고 있는 점). 사회서비스원이라는 공적인 공급기관에서는 개인이 운영하는 센터처럼 개인 수익이 목적이 아님에도 이런 행태가 공공연하게 이어지고 있다는 것은 참 그 이유가 궁금하다.

이런 곳에서도 이런 일들이 암암리에 일어나고 있으니, 개인 방문요양센터는 어떻겠는가? 노인들에 대한 진실된 마음으로 요양보호사란 직업을 택했다가 일부 이런 몰지각한 대상자와 보호자들에게 마음의 상처를 받고 또 그 사람들의 요구를 들어주고 모른 척하는 기관과 센터에게 또다시 마음의 상처를 받은 선생님들은 지금도 현장을 떠나고 있다.

대상자의 애완견과 관련된 일은 요양 업무가 아니라고 하지만, 현장에서 만나는 대상자들 중에는 자신들의 몸도 돌볼 수 없는 분들이 강아지와 고양이를 기르는 것을 보았다. 병이 나기 전부터 길렀으니 버릴 수도 없어 기르고 있는 분들이 있는데 그럼 등급받은 환자의 그런 상태를 보고 우리의 일이 아니라고 하여 강아지의 대소변과 주변 환경을 그대로 둘 수는 없다.

물론 원칙대로 대상자만 케어해도 그 요양보호사님을 비난할 수 없다. 선생님은 원칙대로 했을 뿐이니 그것에 대해 어떤 말도 할 수 없다. 하지만 마음이 여린 대부분의 선생님들은 차마 그렇게 하지 못한다. 더군다나 독거 어르신은 모든 환경을 관리하는 것이 맞기 때문이다.

보호자와 함께 살고 있는데 애완견이 있다면 그것은 우리의 일이 당연히 아니다. 하지만 독거노인인 분은 그 환경관리 안에 강아지도 들어가야 한다고 나는 생각한다. 물론 동물을 좋아하는 선생님들이 그런 곳을 케어해야 한다. 동물을 싫어하는 선생님들께는 부탁할 수가 없다. 관리도 못하는 동물들을 다른 곳으로 입양 보내자고 해도 긴 세월을 함께해 왔고 자식들보다 더 정이 든 강아지와 고양이를 보낼 수는 없는 것이 그분들의 마음이다. 그마저 없으면 의지할 곳 하나 없는 분들이다.

요양보호사의 불가능한 업무를 강요하는 비상식적인 보호자들도 있지만, 지극히 예의 있고 격식 있는 분들도 많다. 며느님과 함께 살고 있던 어머니가 계셨는데 요양 시간이 되어 요양보호사님이 오시는 시간이 되니, 실수로 아침 설거지를 하지 못한 며느님은 개수대 안에 있던 부부의 설거지를 베란다 뒤에 옮겨 놓고 외출을 하셨다.

요양보호사는 어머니를 위해서 오시는 분인 걸 알기에 자신들의 설거지를 선생님이 하시도록 남겨 놓고 나갈 수가 없었던 것이다. 게다가 며느님은 자신이 있으면 선생님이 불편해하실까 요양 시간에는 일부러 외출을 하셨다. 그렇게 요양보호사님에 대한 배려와 예의가 깍듯한 분이었다.

또 다른 사례를 들려드리고자 한다. 부부가 함께 살고 있는 집에 어머님을 케어하시는 집이 있었다. 이 집에서 요양보호사님은 대상자인 이 어머니만 케어하면 된다. 그게 당연한 것이고 원칙이다. 그런데 문제는 함께 살고 있던 아버님께서도 요양등급을 받을 정도는 아니지만 고령에 만성질환을 앓고 있는 노쇠한 상태였다는 점이다.

그리고 남자인 탓에 혼자서 밥을 해서 드시지도 차려 드시지도 못했다. 건강하셨던 어머니께서 환자가 되고 나서 따로 살고 있는 딸이 와서 차려 주는 밥을 그동안 드셨던 모양이었다. 직장 생활로 바쁜 탓에 그동안 힘들었던 따님은 어머니의 등급을 신청하여 요양을 받기 시작한 것이었다. 그런데 원리원칙적인 요양보호사님은 아침 · 점심 식사를 어머님만 차려 드려 드시게 하고 퇴근했다.

물론 아버님이 밥하고 반찬을 간단히 꺼내 드실 수는 있었지만 늘 함께 있던 아버님을 제외하고 어머님의 식사만 드린 것을 서운하게 생각했는지 그것을 따님께 전달한 모양이다. 따님은 이 제도의 취지는 충분히 이해하지만 그래도 인간적으로 너무 매정한 생각이 들어 선생님을 바꿔 주었으면 한다고 했다. 어머니의 식사를 차릴 때 밥 한 그릇만 떠 드리면 참 고마웠을 텐데. 더 많은 것을 원하지도 않는다고 하였다.

참 이럴 때 나는 마음의 갈등을 겪는다. 요양보호사님은 자신의 원칙에 충실한 것이니 내가 뭐라고 비난할 수가 없다. 또 보호자들의 말을 들으면 원칙을 머리로는 이해해도 마음으로는 서운한 생각이 드는 것 또한 그 감정도 이해할 수 있다.

오히려 독거노인이면 나을 수도 있다. 하지만 가정이라는 테두리 안에서 연결되어 있는 가족 구성원 같은 많은 환경적 변수는 방문요양센터에서 요양보호사의 업무의 경계를 모호하게 만드는 원인이 되기도 한다. 두 부부의 설거지 중 아버님의 설거지만 빼고 어머니 것만 할 수는 없지 않은가! 세탁기에 아버님의 옷만 빼고 어머니 것만 세탁할 수도 없지 않은가! 그렇기 때문에 가사활동에서 대상자 것만 하기란 쉽지 않다.

대가족과 살고 있는 대상자의 경우에는 그 가족의 구성원이 많기 때문에 구분 짓기가 오히려 더 쉬울 수 있으나, 두 노부부가 살고 있는 집은 그 구분이 쉽지 않음을 나는 많은 사례에서 보았다. 어쨌든 그 집의 사정을 이해할 수 있는 요양보호사님으로 교체하는 것으로 마무리되었다.

사람과 사람의 관계가 대상자의 가정에서 이루어지는 방문요양. 그 미묘한 감정으로 인해 모든 일들이 참으로 쉽지만은 않다. 그래서 남자들도 가사활동에 익숙하도록 연습해야 한다. 만약 아버님들이 스스로 밥을 하고 반찬을 해서 드실 수 있는 것이 익숙했다면 이런 일로 문제가 생기지 않았을지도 모른다. 그러니 지금부터라도 남자들은 가사활동을 아내에게만 맡기지 말고 현명한 사람이 되었으면 한다.

대상자의 호칭, 어떻게 사용해야 할까?

방문요양센터에서 요양보호사로 일을 하면서 대상자인 노인들에게 어떤 호칭을 사용해야 할까? 제일 기본적이고 원칙적인 호칭은 '어르신'이다. 예를 들면 '홍길동 어르신'으로 부르는 것이 제일 기본이고, 이름을 매번 부르기 힘들면 '어르신'이라고 하면 된다.

일부 요양보호사분들은 대상자들과 친숙해지면서 어르신이라는 호칭보다는 '어머님', '아버님'이라는 호칭을 사용하기도 한다. 아픈 대상자분들을 매일 만나다 보면 비록 하루 평균 3~4시간이더라도 부모 · 자식과 같은 끈끈한 정이 생기는 일이 대부분이며, 떨어져 살면서 한 달에 몇 번 일 년에 몇 번 만나는 자녀들보다도 더 진한 애정이 생기기도 한다.

그러니 요양보호사분들이 대상자들에게 어머님, 아버님이라고 호칭을 하는 것도 어쩌면 당연한 일일 것이다. 또한 대상자 본인들도 매번 어르신이라고 불러 주는 것을 불편해하고 그렇게 자신들을 불러 주는 것을 싫어하는 경우도 있다.

그러나 우리들과 어르신들은 사적인 관계가 아닌 공적인 관계임을 항상 되새겨야 한다. 언제나 원칙적인 것이 너무 고지식하고 딱딱해 보일지도 모르지만, 그 원칙을 벗어나게 되면 항상 문제가 생기게 마련이다.

이 사례는 좀 극단적인 사례이지만, 내가 근무하는 센터의 요양보호사님이 한 여성 대상자를 담당하게 되었는데 어르신의 나이는 74살, 요양보호사님의 나이는 70살이었다. 사정이 이러하니 요양보호사님은 아무 생각 없이 나이도 차이 안 나는데 언니라고 부르겠다며 '언니'라는 호칭을 사용했다고 한다.

이 사실을 요양보호사님이 아닌 대상자를 통해 듣게 되었다. 인수인계를 한 후 이틀이 지나 대상자에게 전화 연락이 와서 나이 든 사람이 징그럽게 왜 나한테 언니라고 하냐며 다른 사람으로 바꿔 달라고 하였다. 그래서 결국 선생님을 다시 바꾸게 되었다. 아마 원칙만 잘 지켰어도 이런 일은 없었을 텐데….

방문요양이라는 일은 사람과 사람이 만나고 부딪히는 일이므로 아주 미묘한 말투에서도 오해가 생기기도 한다는 것을 알아야 한다. 선생님께서는 아마 친근하게 지내고 싶어서 좋은 마음으로 그랬을 테지만 상대방은 다른 의견과 생각을 갖고 있을 수 있다.

우리 센터 요양보호사님들도 대상자의 호칭 문제에 고민을 하며 조언을 구하는데, 특히 나이가 적은 분들을 어떻게 불러야 할지 잘 모르겠다고 하였다. 50대, 60대 초중반의 대상자들에게 호칭을 '어르신'이라고 부르기엔 선생님들보다도 더 나이가 어린 경우도 있어서 이 점에 난감해하고 있었다.

그럴 때 나는 이름과 선생님을 합해서 존칭해 줄 것을 당부하였다. 그것이 너무 길면 성과 선생님을 함께 묶어서 호칭해 달라고 한다. 또는 이름에 '님'을 붙여 존칭해 달라고 부탁하였다. 나이가 어리다고 해도 우리는 대상자분들에게 항상 존칭으로 대하며 존중해야 한다. 그래야 호칭으로 인해 문제가 생기지 않는다.

또 하나의 사례에서는 대상자 본인이 교장선생님으로 불러주길 원하여서 선생님은 물론 나도 모니터링을 갈 때 그분께 항상 '교장 선생님'으로 존칭을 해 드렸다. 대상자는 교장으로 퇴직한 분으로 자신의 그동안 살아왔던 명예와 경력을 존중해 주길 원했는데 우리가 그분 뜻대로 존칭해 주는 것은 당연한 일이었다.

상대방에 대한 호칭은 내가 상대방을 얼마나 존중하고 있는지에 대한 마음의 투영이다. 무심코 내뱉은 호칭은 상대방의 마음에 상처를 준다는 것을 명심해야 한다. 대상자를 향해 '할아버지, 할머니' 그것도 아이를 부르는 듯한 억양과 톤으로 말하는 일부 요양보호사님들을 현장에서 볼 수 있었는데, 나는 얼마나 상대방에게 마음의 상처를 주고 있는지 우리는 자주 반성해 보아야 한다. 적어도 우리가 사회적 약자를 위해 일하는 사람으로 살아간다면 말이다.

반대로, 대상자와 보호자들도 요양보호사님들을 대할 때 사용하는 존칭에 대해 반성을 해야 한다. 선생님들은 장기요양보험제도가 생긴 후부터 정당한 교육과 시험으로 요양보호사라는 국가자격증을 취득하신 분들인데, 그 사실에 무지한 분들이 선생님들을 '아주머니', '아줌마'로 부르는 경우가 많았다.

정당하지 못한 호칭과 열악한 환경에서도 어르신들에 대한 사명감과 애정으로 감당을 하고 있는데, 더 이상 우리가 그분들을 존중하지 못하면 현장에서 상처를 받고 떠나는 분들은 늘어날 것이다. 나를 혹은 나의 부모님들을 최선을 다해 케어해 주시는 선생님들에게 합당한 존칭을 해 드렸으면 좋겠다.

워낙 고령인 데다 학력이 낮은 어르신들은 이 제도에 대해 잘 모르고 아무리 말씀드려도 이해하지 못하는 분들이 많다. 그리고 집 안에서 일을 해 주시는 분들은 모두 가정부 정도일 것이라는 과거의 인식이 각인되어 그 변화를 바라기는 정말로 어려웠다. 또 가끔 고학력자인 대상자들이 요양보호사 선생님들께 하대하는 듯한 호칭을 할 때도 있는데, 내가 존칭해 줄 것을 이야기하면 선생이라는 존칭은 아무한테나 사용하느냐며 화를 내기도 한다.

이것은 각자 개인의 인격에 의해서 나온 결과라고 생각한다. 고학력이든, 저학력이든, 자신의 인격이 그 정도면 상대방에 대한 태도도 그 정도의 결과밖에 나오지 않을 것이다. 그러니 선생님, 요양사님이라고 존칭해 주시길 부탁드린다.

일부 어르신들이나 보호자분들은 '여사님'이라고 불러 주는데 나는 이 존칭도 참 좋은 것 같다. 선생님들께 인격적인 태도와 존칭을 해 주시는 어르신들과 보호자분들께 깊은 감사를 드린다. 정말 감사하다.

치매 노인 인권,
얼마나 민감해져야 하나?

이틀 전 친정아버님을 가족요양으로 케어하고 계신 선생님과 함께 정신의학과병원을 다녀오게 되었다. 그 이유는 선생님의 친정어머니의 치매 증상이 심각하게 나타나고 있어 치매진단검사를 받기 위해서였다. 작년까지는 기억력의 문제 빼고는 크게 문제 삼을 만한 것이 없었는데 올해 들어서 어머니의 치매 증상은 심각할 정도로 악화되었다.

가족들을 의심하는 증상부터 시작해서 최근 기억력의 기능 소실이 심각해졌으며 가장 문제되는 것은 사물의 용도에 대한 인지를 잊어버렸다는 것이다. 사물의 용도라는 것은 냉장고, 세탁기, 화장실 등이 무엇에 사용되는 물건이고 장소인지를 모른다는 것이다.

어떤 여자 어르신은 자신의 집에서 냉장고를 찾는 데 30분 이상을 찾지 못하여 계속 집안을 돌아다니는 것을 보았다. 냉장고라는 단어를 들으면 그것이 어떤 용도에 사용되는 물건인지 인지하고 찾아야 하는데, 냉장고라는 물건의 용도 자체를 잊어버려 주방에 있다는 생각이 불가능하였고 그래서 거실로 방으로 돌아다니며 찾고 있었다.

어쨌든 어머니께서는 사물의 용도를 잊어버려서 화장실의 변기 물로 설거지를 하고 쌀을 씻어 밥을 하는 일들이 빈번하게 일어났다. 사태의 심각성을 목격한 가족들은 그제야 허둥지둥 병원을 모시고 가야겠다는 생각을 하게 된 것이다.

선생님과 나는 어머니에게 교회를 간다고 속이고서 병원을 모시고 갈 수 있었다. 병원에 도착한 어머니는 병원이라는 글자를 보고 교회가 아닌 병원이냐고 역정을 내셨다. 나는 요새 큰 교회는 병원도 같이한다고 선의의 거짓말을 했다. 그 말에 세상이 너무 좋아졌다며 웃으셨다. 저도 이 교회 다니니까 다음에도 함께 오시자고 말씀드리니 웃고선 눈을 감고 쉬신다고 했다. 이렇게 어머니의 역정과 위기를 모면했다.

대부분의 치매 증상이 있는 어르신들은 자신들은 정상이라고 생각하므로 순순히 병원을 가지 않는다. 신체적으로 아프신 분들은 자신의 아픈 부분을 눈으로 보고 인지할 수 있으므로 병원 가는 것, 타인의 도움을 받는 것을 원하고 받아들인다.

하지만 신체적으로 심각하게 아픈 증상이 없는 치매 어르신들은 자신은 지극히 정상이라고 생각하므로 타인의 도움은 절대로 받으려 하지 않고 오히려 자신을 아무것도 하지 못하는 바보로 취급하는 것 같아 그 거부감이 상상을 초월한다.

그래서 실제적으로는 어르신들의 사태가 심각하고 집안 상태가 엉망이 되어 가는데도 타인의 도움을 완강히 거부하기 때문에 주로 자녀분들이 센터와 계약을 하러 온다. 상황이 이렇기 때문에 요양보호사가 무엇인지도 모르고 요양을 받거나, 거부감이 심할 경우에는 요양보호사를 자녀분들의 친구로 소개하여 무료로 도와주는 분이라고 속이는 경우도 있다.

어쨌든 어머니를 모시고 병원을 가서 초진을 하게 되었는데 전체적인 정신상태를 알아보기 위해서 우울척도, 수면의 질, 불안장애척도 검사를 하였고, 간호사를 통한 MMSE-K 검사를 하고 가족력과 가계도를 사정하게 되었다. 도형을 보고 말하라는 간호사의 지시에 왜 이런 걸 나에게 물어보냐고 자존심이 상하셨는지 화를 내셨다.

이에 "어머니, 내가 잘 몰라서 어머니께 궁금해서 물어보는 것이다."라고 말하니 웃으시면서 내 손을 잡으셨다. 일부 치매 환자는 검사실에서 선별검사문항에 상상을 초월하는 거부감을 보여 검사 자체가 진행되지 않는 경우가 있는데, 어머니는 너무나 다행이었다.

그런데 환자의 개인적인 검사와 개인사에 대한 사정을 하는데도 검사실의 문을 활짝 열어 놓은 것을 보게 되었다. 90세의 아무것도 모르는 치매 노인이라고 생각해서 자존심과 창피함을 느끼지 못할 것이라고 생각해서인지 아니면 애초부터 치매 노인의 인권 따윈 안중에도 없는 것인지 나는 이해하기 힘들었다.

최소한 정신의학과와 같은 민감한 부분을 치료하는 곳에서 누구보다도 더 인간의 인권과 존엄성에 민감해져야 할 직원이 그런 행동을 한다는 것은 나는 용납할 수 없었다. 검사실 밖에서 진료를 위해서 기다리는 분들의 귀에까지 개인정보가 다 들릴 수 있었던 상황을 계속해서 내버려 둔다는 것에 너무 화가 난 나는 검사실의 문을 닫아 버렸다.

나는 언젠가 그 병원을 다시 내원하게 되면 이런 일에 대해서 시정해 줄 것을 강력하게 말할 것이다. 이런 일들이 아무것도 아닌 일로 보일 수 있지만 우리는 누구나 치매 환자가 될 수 있고 노인이 된다. 그런데 만약 내가 그렇게 되었을 때 나의 개인사와 정보가 타인에게 함부로 알려진다고 생각하면 어느 누구도 이런 상황을 원하지 않을 것이다.

인간의 인권과 존엄성을 지켜 주는 것, 그 고고한 철학적 이념을 치매 환자를 대하는 우리와 같은 사람들은 늘 가슴에 품고 있어야 한다.

제3장

요양보호사의 권리와 의무에 대하여

디지털 시대와 요양보호사

전 세계는 지금 디지털 시대로 가고 있다. 우리나라도 예외는 아니며, 더 빠르게 기계화되고 있다. 음식점, 패스트푸드점, 주유소 등에서도 이미 주문을 받는 종업원이 없어지고 기계로 대체되고 있으며, 이에 따라 우리는 스스로 결제하고 주문해야 한다. 심지어 기차, 시외버스 등도 모바일로 예약하고 결제하는 방식으로 바뀐 지 이미 오래되었다.

그런데 이렇게 되면 기계와 핸드폰을 쉽게 다룰 수 있는 젊은 층에게는 편리할지 몰라도 중년 이후부터 고령층은 상당히 소외될 수 있다는 단점이 있다. 특히 아날로그방식에 익숙해져 있는 노령층은 음식을 하나 주문하려 해도, 커피를 마시고 싶어도 기계로 주문해야 하는데 그것이 쉽지 않기 때문에 엄두도 내지 못한다.

이런 현상은 요양보호사란 직업에도 마찬가지다. 방문요양센터에서 일을 하려면 핸드폰 안에 출근앱을 다운받아 앱을 열어 출퇴근 태그를 찍어야 하는데, 이것이 고령의 요양보호사님들에게는 익숙하지 않아 힘들어하는 것을 많이 목격하였다.

태그만이 문제가 아니다. 코로나 시대가 도래되면서 요양보호사 직무에 꼭 이수해야 하는 교육과정, 이를테면 노인인권, 노인학대예방, 아동학대예방, 장애인학대예방, 긴급복지지원 교육 등을 꼭 이수해야 하지만 이 교육들이 코로나 때문에 모두 e-러닝과정으로 진행된다는 사실이다. 그렇지만 현장에서 일하고 있는 요양보호사님들은 50대 이후부터 60대, 70대까지의 연령으로 구성되어 있다.

그나마 50대 초중반의 선생님들은 e-러닝교육 회원 가입부터 교육이 가능한 경우가 있었지만, 그 이후의 고령의 선생님들은 대부분 이 과정들을 소화하지 못하고 있었다. 결국엔 우리 사회복지사의 일이 되거나 선생님들의 자녀분들의 도움을 받아 진행되었다.

코로나 시대의 도래로 인해 모든 계층의 교육방식들이 디지털화로 바뀌게 되는 시대적 흐름을 우리가 어떻게 막을 수 있을까! 우리 사회는 너무 편리하고 빠른 시대만을 원하고 지향하고 있다. 한 번쯤은 이러한 디지털 사회에서의 약자에 대한 배려가 필요할 때라고 생각한다.

편리하다고 빠르게 변화만을 요구하는 사회가 되면 소수의 약자는 사회적 소외감을 느끼게 된다. 건강한 사회는 변화에 빠르게 적응하는 구성원을 우선순위에 두는 것이 아닌 소외계층의 고충도 이해하고 배려하여 완화시킬 수 있는 방법을 함께 고민하고 병행하는 사회일 것이다.

요양보호사로 활동 중인 분들 또는 요양보호사를 준비하고 있는 분들께 드리고 싶은 말이 있다. 기계를 다루는 일들이 힘들고 어렵다는 것을 그 누구보다도 50대인 나도 잘 안다. 그렇지만 시대적 흐름에 맞추어 선생님들도 노력해 보시길 바란다. 내가 이 직업을 하기 위해서 반드시 해야 할 일들은 부딪혀 보길 바란다.

방문요양센터에서 일을 하게 되면 포용적인 사회복지사님들도 있지만 그렇지 않은 분들도 있다. 그것은 아마도 바쁜 업무와 많은 요양보호사님들과의 통화로 인해 본의 아니게 오해가 생긴 경우 때문일 것이라고 생각한다. 현장에서 일을 하시는 선생님들은 우리 관리자들을 대면하기 어렵기 때문에 수시로 전화하시는 일이 많다. 그렇기에 그런 통화가 누적되면 우리는 항상 전화기를 잡고 살기도 한다.

그래서 태그라든지 교육 관련 회원 가입과 같은 일들을 혼자서 해결할 수 있는 능력을 길러야 한다. 만약 30명이 넘은 분들이 관리자에게 모두 전화해서 묻는다고 생각해 보자. 심지어는 태그 찍는 방법을 공단에서 바꾼 것을 우리 사회복지사에게 화를 내며 따지는 경우도 있었는데, 자신들보다 어리다고 하여 일방적인 언행은 삼가셨으면 한다. 우리 사회복지사들의 힘든 입장도 이해해 주셨으면 좋겠고, 서로 존중하는 태도를 취했으면 좋겠다.

우리 센터에서 근무하다 다른 센터로 가신 요양보호사님이 있었는데, 이런 교육과 태그 문제로 그쪽 사회복지사분과 트러블이 있었던 모양이었다. 나에게 전화를 해서 그것 때문에 기분이 나빴던 감정을 토로했던 기억이 난다. 그러니 미리 남편이나 자녀분들께 핸드폰 조작 방법, 앱을 다운받는 방법, 컴퓨터로 교육을 듣는 방법들에 대해 천천히 배워 두시길 바란다.

힘들고 서툴지만 조금씩 시대적 흐름에 내가 익숙해져야 한다. 그래야 사회에서 생존할 수 있다. 내가 나이가 많아서, 디지털을 사용하는 것이 힘들어서 누군가가 도와주겠지 하는 안일한 생각을 갖고 있다면 위와 같은 관리자와의 갈등 문제가 생길 수 있다. 관리자들도 본인들의 업무가 많아 한없이 선생님들에게 일일이 이런 도움을 줄 수도 없는 상황이기 때문이다. 그리고 그 무엇보다도 스스로 할 수 있는 능력을 키워야 나 자신도 당당해질 수 있기 때문이다.

또한 핸드폰은 반드시 본인 명의로 되어 있어야 태그앱을 다운받기에, 그리고 의무교육사이트에 회원 가입하기에 편리하다. 종종 요금 혜택을 받기 위해서 장애인증이 있는 배우자의 명의로 핸드폰을 하시는 분들이 계셔서 본인 명의로 바꾸는 것을 탐탁지 않아 하기도 한다.

그러나 직장인으로서 꼭 받아야 할 교육이 있다면 공적인 업무를 더 우선순위에 두고 개인적인 사정은 본인이 해결하는 현명한 분들이 되셨으면 좋겠다. 반드시 본인 명의로 되어야만 회원 가입이 가능하기 때문이다.

대상자 위주의 집안 환경 구성이 중요한 이유

요양보호사 선생님들 중에서 종종 어르신들의 집을 청소하고 정리하면서 실수하는 부분이 있다. 그것은 바로 어르신 중심의 정리정돈이 아닌 본인 위주의 정리정돈을 한다는 것이다. 비위생적이고 흐트러진 어르신들의 집을 깨끗하게 치워 드리고 싶은 그 고마운 마음을 어찌 모르겠느냐마는, 이런 실수를 하는 경우가 많은 것 같다.

치매 환자인 한 어머니를 케어하고 있었던 선생님은 정말 대상자분들께 정성을 다하는 고마운 분이었다. 어느 날 어머니의 집으로 모니터링을 가 보니 안방과 거실, 주방 등을 얼마나 깔끔하고 깨끗하게 정리정돈을 해 주셨는지, 집 안이 광채가 날 정도였다. 그런데 그 깔끔하게 정리된 환경은 대상자 중심보다는 케어하는 사람의 생각이 반영된 듯했다.

어머님이 평소 사용하던 리모컨이며 속옷이며 그 외 모든 물건을 서랍장에 넣고 깔끔하게 정리정돈하였지만, 지금까지 당신이 빨리 찾고 보일 수 있는 곳에 두었던 어머니는 그 모든 물건들을 찾는 데 긴 시간이 걸릴 것이다. 또한 그것들을 찾기 위해서 침대에서 수시로 내려와야 하니 그러다가 낙상할 수도 있는 일이었다.

치매 환자에게는 자신에게 익숙하게 조성된 환경이 무엇보다도 중요하고, 몸의 불편함을 고려한 동선도 반영되어야 한다. 긴 세월 동안 본인에게 익숙해져 있던, 편리했던 환경을 타인이 임의대로 바꾸고 정리하면, 그것은 곧 요양보호사님의 생각이지 어르신의 뜻은 아니라는 것이다.

보통의 평범한 나 같은 사람도 거실에서 늘 있었던 리모컨 혹은 화장실의 컵을 정리정돈하면서 바꾸면, 자꾸 현재의 장소가 아닌 예전에 두었던 곳에 손이 가게 된다. 익숙해져 있던 몸이 그렇게 반응하는 것이다.

그러니 치매 환자는 어떻겠는가! 우리가 보기에는 어르신들의 집이 지저분해 보일지라도 어르신들 입장에서는 제일 편한 환경임을 기억하자. 예를 들면, 다리를 전혀 쓰지 못하는 어머니께서 숟가락과 밥통 등 주방에 있어야 할 물건들을 거실에 두는 것은 그분의 동선에 맞게 구성된 환경이라는 점을 기억하자.

대상자의 환경을 쾌적하게 조성한다는 것은 정말 중요한 일이지만, 그 속에는 항상 대상자 중심이 되는 환경을 충분히 존중하고 고려해야 함을 잊지 말자.

치매란 사실을 알려야 되나, 말아야 하나?

약 6년 전, 나와 아주 친밀한 사이였던 요양보호사 선생님과 이런 이야기를 주고받았었다. 치매 어르신들께 치매라는 사실을 알리는 것과 감추는 것 중 어떤 것이 어르신들께 좋은 일일까 하는 것에 대해 말이다.

현장에서 일을 하는 우리는 항상 이런 문제에 딜레마를 느끼게 된다. 왜냐하면 치매라는 사실을 알지 못한 채 사망에 이르거나, 증상이 악화되고 진행되면서 자신이 누구인지도 모를 정도까지 되는 과정을 지켜보기 때문이다. 중기 이후가 되어 말기에 이르면 자기 자신에 대한 기억까지 잊게 되어, 자신의 인생을 마무리하고 자녀들 또는 지인에게 유언을 할 수조차 없게 된다.

인간은 누구나 죽음이 가까이 오면 자신의 인생을 되돌아보고 정리하고 마무리할 시간을 가져야 하고, 그런 중에 하지 못했던 일(버킷리스트)을 해야 한다. 하지만 치매 노인은 치매 증상이 악화되면 될수록 이런 통합적이고 계획적인 일들이 어려워진다. 그러므로 자신을 잃어버리기 전에 자신의 인생을 마무리할 수 있는 시간을 주어야만 한다.

그런데 이것이 어려운 것은 다음과 같은 이유에서이다. 모든 치매 노인이 다 그런 것은 아니지만 대부분의 어르신들이 자신이 치매인 것을 전혀 인정하지 않으려 하거니와 치매라는 단어만 들어도 거부감이 상상을 초월한다. 사정이 이러니 가족들 또한 부모님의 치매 진단 사실을 알릴 수가 없고, 우리도 요양을 할 때 이런 점을 아주 민감하게 파악해서 대응해야 한다.

자신이 치매라는 사실을 전혀 모르고 또 인정할 수 없는 분들은 특히 약을 드릴 때 가장 힘들었다. 약을 드셔야 한다고 하면 자신은 아픈 곳이 없는데 왜 약을 먹어야 하느냐고 역정을 내거나 심한 욕설도 하시는 분들도 있었다. 그러니 하루에 한 번은 치매약을 꼭 드시도록 해야 하는 요양보호사 선생님들은 하루하루가 전쟁이다.

왜 요양보호사분이 약 먹는 것까지 관리해야 하냐고 생각하는 분들도 있을 것이다. 우리가 현장에서 케어하는 분들은 가족과 함께 살고 있는 분보다는 독거로 사시는 분들이 훨씬 많다. 혼자서 살고 있는 분들은 아무도 약을 챙겨 드릴 수 없으니 그 일이 우리의 일이고, 가족들은 모두 타지에 살고 있는 사정 때문에 약을 챙겨 드릴 수 없는 것이 현실이었다.

또 치매약도 이분들께는 영양제나 뇌기능을 좋게 하는 영양

제라고 해야 그제야 드시곤 했다. 선의의 거짓말이라고 해야 할까? 증상을 지연시키기 위해서 치매약은 하루라도 빠뜨리면 안 되니 우리는 그렇게 해서라도 드려야 한다. 그것이 우리의 임무다.

그리고 치매 의심 증상이 있더라도 치매검사를 하러 가자고 하면 그것은 큰일 날 일이다. 대부분의 어르신들께 기억력이 요사이 안 좋다고 말할 때에도, 돌려서 말해야 한다. 나는 이렇게 말했다.

“어머니, 나이가 드시면 신체도 나빠지는 것처럼 기억력도 자꾸 나빠질 수 있어요. 그러니 건강검진할 때 한번 뇌검사도 함께하면 좋을 거 같아요. 저희 센터 어르신들도 그러신 분들이 많아요.”

또 일부의 어르신들 중에서는 자신이 치매라는 것을 당당히 받아들이고 인지력 유지를 위해 치매안심센터에서 정기적인 프로그램을 받는 분들도 있었다. 하지만 이런 분은 아주 일부였다. 치매의 증상이 중기이상이 되어 망상과 배회, 환시가 생기게 되면 이제는 정상적인 대화가 일부분 불가능해질 수 있다.

치매 초기부터 시작해서 중기, 말기까지, 일련의 과정을 지켜보면서 나는 항상 딜레마를 겪고 있다. 치매가 발병된 후부터 사망에 이르기까지 자기 자신을 잃어 가고 있는 어르신들을 보면서, 치매라는 사실을 숨겨야 하는지 말해야 하는지….

그러나 그것은 그렇게 쉬운 일이 아니다. 치매 어르신, 바로 자신이 결정해야 할 문제이다. 나의 질병을 어떻게 받아들이고 어떻게 인생을 마무리해야 할지는 아무도 도와줄 수 없는 문제다. 자신이 치매라는 것을 거부하고 부정하고 있는 동안 증상은 더욱 악화되고 있고, 자신의 인생을 마무리하고 정리할 시간은 그만큼 없어지게 될 것이다.

그리고 세상이 얼마나 치매 환자들에 대해 색안경을 끼고 있는지 우리는 다시 한번 반성해야 한다. 치매란 누구나 걸릴 수 있고, 남의 문제만이 아님을 우리는 인식해야 한다. 또한 많은 드라마나 영화 속에서 치매에 대해서 다루는 일이 많은데, 치매란 질병에 대해서 정확한 사실과 지식을 기반으로 다루어야 함을 명심해야 한다.

대중매체에서 단편적인 치매 증상만을 부정적으로 다루는 장면들은 우리 사회에 치매에 대한 부정적인 시선과 편견을 부추길 수 있다. 이런 부정적인 사회적 시선이 계속되면, 치매에 대해 부정하고 거부하는 어르신들은 계속 생겨날 것이다.

치매가 말기까지 진행되면 씹는 것, 넘기는 것은 물론, 자신을 잃고, 모든 기억을 잃는다. 말도 하지 못한다. 이런 광경을 지켜보는 사람들은 두려움까지 느끼게 되고 공포감까지 든다. 그렇기 때문에 치매를 두려워한다. 병원에서 오랜 세월 치매 말기 환자를 지켜본 간호사분은 나에게 이렇게 말한다. 만약 내가 치매에 걸린다면 나를 잃기 전에 약을 먹고 죽기 위해서 약을 주머니에 넣고 다닐 거라고….

너무 극단적인 이야기지만 치매 배우자를 혹은 치매 부모님을 케어해 본 어르신들도 이런 생각을 할지도 모른다. 그렇기 때문에 치매를 초기에 빨리 발견하여 진행을 지연시키는 것이 가장 중요하다. 그렇게 되면 너무 늦게 발견하여 말기까지 빠르게 진행되는 것을 막을 수 있을 것이다.

그런데 방송에서 영화에서 극단적인 치매의 단면만을 보여주면 그것을 받아들이는 사람들은 공포를 느끼게 되고 자신의 증상에 대해 부정하고 싶어 한다.

치매에 걸려도 꾸준한 인지활동, 사회활동, 정확한 약 복용, 전문가에 의한 상담, 보호자들의 따뜻한 지지와 관심으로 사망하기 전까지 정상적인 생활을 하시는 분들도 있다. 그러니 대중매체는 신중함을 기하여 치매 환자에 대한 모습을 나타내야 한다.

그리고 정확한 사실에 근거한 치매에 대한 홍보가 필요하다. 지금은 과거와 달리 치매안심센터에서 그 역할을 잘 수행하기 위해서 다양한 프로그램을 하고 있어 너무 다행이다. 그러나 아직도 공적인 이런 정보에 취약한 분들이 많아 더 많은 홍보와 관심이 필요하다.

우리가 다 함께 치매에 대한 바른 인식을 위해 노력한다면 어르신들도 치매에 대한 막연한 두려움을 갖지 않고 당당하게 받아들일 수 있지 않을까? 그런 날이 오길 간절히 바란다.

요양보호사를 시작하기 전에

요양보호사교육원으로 자격증을 취득하기 위해서 등록하신 많은 분들을 보면 그 이유도 다양하다. 배우자와 부모님을 가족케어하기 위해서, 노후 준비로 자격증 하나라도 따기 위해서, 경제적 보탬이 되기 위해서, 종교적인 신념으로, 노년에 봉사하고 싶은 직업을 찾다 보니….

그러나 많은 분들은 '주변 사람들이 다 하니까 나도 해야지.'라는 생각으로 많이들 오는 것 같았다. 주변에 요양보호사로 일하는 분들의 경험담을 다 듣고 온 터라 현실에서의 어려움을 아시는 분들도 있지만, 그렇지 못한 분들도 있었다.

작년에 요양보호사교육원에서 강의를 하면서 나는 수강생들에게 자격증 합격을 위한 문제 풀이도 중요하지만, 자격증 취득 후 현장에서 겪는 실제적인 사례들을 알고 그에 맞는 대처 방안을 아는 것이 더 중요하다고 말씀드렸다. 까다로운 대상자들에 대한 사례부터 성희롱적인 행동을 하는 대상자들까지 어떤 식으로 대처해야 될지 설명해 드리고 토의도 해 보았다.

이런 설명을 해 주었던 것은 내가 경험한 요양보호사분들 중에서 조금만 어렵고 힘들면 마음의 상처를 받고 도중에 그만두는 초임선생님들이 많았기 때문이었다. 어떤 분은 자신의 부모님같이 돌보면 될 거라고 생각했는데, 예상보다 너무 까다롭고 성희롱까지 하는 어르신들을 보고 더 이상 계속할 마음이 없어졌다고 하였다.

요양보호사란 직업은 사람을 상대하는 직업이며, 그 상대가 모두 질병을 가진 사람들이므로 선생님들의 말 한마디, 행동 하나에 많은 영향을 받기도 한다. 선생님들의 말 한마디에 오해가 생길 수 있고 행복할 수 있는 민감한 노인들을 상대로 하는 직업이기 때문에, 때로는 사랑으로 때로는 강한 마음을 갖고 임해야 한다. 그래야 정말 까다롭고 상식이 통하지 않는 대상자들을 만나도 담담하게 이겨 낼 수 있다.

교육원에서 한 분은 이렇게 말했다. "까다롭고 비상식적인 대상자들에 대한 사례들을 많이 들으니 너무 머리가 아프고, 하고 싶은 마음이 안 난다."

그래서 나는 수강생분들께 이렇게 말씀드렸다. "군인이 전쟁에 나가기 전 군사훈련을 받고 칼과 총을 능숙하게 다룬 후 임하는 것과 같이 우리 노인장기요양 현장도 마찬가지다. 현장에는 정말 다정하고 예의 있는 사람들도 있지만, 몰상식하고 지독히도 까다롭고 갑질까지 하는 대상자들도 많다는 것을 알아야 한다. 그런 치열한 현장에서 내가 살아남아야 한다면 사전에 사실을 직면하고 미리 준비해서 임하는 것이 현명한 요양보호사일 것이다."

요양을 하면서 케어가 힘든 치매 어르신들, 때로는 어르신들의 임종까지 경험해야 하는 것이 현실이다. 어떤 분은 자신이 케어하는 어르신이 금요일까지 괜찮았는데, 주말을 지낸 후 임종했다는 소식을 듣고 큰 정신적 충격을 받았다고 하였다. 그래서 일을 그만두었다고 한다.

이렇듯 노인을 대하는 우리들은 늘 죽음의 소식을 듣고 때로는 임종을 지켜보기도 한다. 그러나 사람은 누구나 죽고, 그 누구도 이것을 피할 수 없다. 요양보호사는 그러한 인간의 생로병사를 의연히 받아들일 수 있는 마음을 키워야 한다.

함께했던 어르신의 죽음을 목격하거나 듣는다는 것은 마음 아프고 충격으로 다가올 수 있지만 그 죽음이라는 사실보다는 내가 그분의 마지막 삶을 함께하면서 최선을 다해 지켜 드렸다는 것에 집중해야 한다. 그분의 마지막 인생에 내가 큰 의미를 주었다는 긍정적인 면에 의미를 두기 바란다. 그래야 일을 하면서 현장에서 부딪힐 수 있는 변화하는 환경에 대처할 수 있고 다시 일어날 힘을 얻게 된다.

강하지 못하면 우리는 이 치열한 현장에서 도중하차하게 된다. 봉사의 마음을 갖는다는 것은 중요하지만, 단순히 봉사의 개념만으로 이 직업을 생각하지 말아야 한다. 실제 현장에서의 다양한 사례들을 보고 들으면서 그 사례별로 어떤 대처를 해야 하는지에 대해 많은 지식을 쌓아야 하고, 실제로 대상자들을 겪으면서 몸소 지혜를 얻기 바란다. 우리가 대하는 대상자들이 어떤 사람들인지 먼저 파악하고 그 특징을 공부해야 하는 이유가 여기에 있다.

요양보호사가 기록해야 할 세 가지 서류

요양보호사가 방문요양센터에서 근무를 할 때 반드시 기록해야 하는 서류들이 있다. 인수인계서류, 수급자상태기록지, 급여제공기록지이다.

인수인계서류는 요양보호사가 다양한 이유로 교체될 때 작성하는 서류로, 대상자의 대체적인 인적사항과 질병 및 특이사항을 기록해야 하고 그에 따라 어떤 서비스를 제공해야 하는지 상세히 기록되어 있는 서류이다. 인수인계를 작성하는 이유는 요양보호사가 교체되더라도 대상자에게 제공되는 서비스의 연속성이 끊기지 않도록 하기 위해서이다.

그다음이 수급자상태기록지인데, 수급자분의 한 달동안의 상태 변화, 그 상태에 따라서 어떤 서비스를 제공했는지, 서비스를 제공한 후 어떤 변화가 있었는지에 대해 상세하게 기록하는 서류이다.

간혹 선생님들 중에는 매일 똑같은 어르신에 대해 뭘 작성해야 할지 잘 모르겠다고 하시는 분들이 계신다. 신체활동지원, 인지관리, 인지활동지원, 정서지원, 가사 및 일상생활지원 등

많은 일을 하면서 항상 같을 수는 없을 것이다. 어제와 오늘 드신 음식이 다를 것이고, 대화한 내용이 다를 것이고, 몸 상태가 다를 것이고, 정서 상태가 매일 똑같지 않다는 점을 생각하시어 지혜롭게 작성해 주시면 좋겠다.

그것을 일주일에 한 번 작성하는 것이고 패턴이 같으면 같게, 상태가 나빠졌으면 나빠진 상태 그대로, 호전되었으면 그대로 작성하면 된다. 그리고 이러한 공적서류는 아주 정확하게 있는 그대로 작성해야 한다. 그런데도 일부 선생님들은 자신의 감정, 생각, 느낌을 쓰느라 정작 대상자의 정확한 기록의 내용이 미미한 것을 볼 수 있었다.

수급자상태기록지라는 공적인 서류를 작성해야 하는 중요한 이유를 한 가지 예를 들어 보자. 만약 치매 독거 어르신이 자주 가스 불을 켜서 냄비를 태우는 일들이 많다고 했을 경우, 이런 일들이 반복되어 위험한 상황까지 가게 되었을 때 요양보호사가 어떤 조치를 취했느냐가 중요하다. 만약 평소에 선생님이 대상자의 이런 증상들을 자세히 작성하고, 보호자와 센터에 연락해서 조치를 취해 주기를 요청했다고 기록했다고 해 보자.

그럼 화재 등으로 위험한 상황이 생겼을 경우, 요양보호사는 그 책임성에서 또 법적 구속으로부터 자유로울 수 있다. 공적서류에도 그 문제성을 잘 작성하고 보호자와 센터에 문제점을 조치해 주길 지속적으로 요청한 선생님은 본인의 책임에 최선을 다한 것이고, 따라서 그 책임은 그 요청을 그대로 방치한 보호자나 센터의 몫인 것이다.

그런데 그러한 문제점을 언급한 공적서류가 없을 경우에 보호자 가운데 요양보호사의 책임성을 거론하는 일들이 생길 것이다. 그렇게 된다면 무엇으로 자신의 정당성을 증명한단 말인가? 요양보호사와 보호자들이 평소 좋은 관계를 유지할 때는 이러한 일이 발생하지 않는다. 하지만 관계가 틀어지고 사고가 나게 되면 그 책임성을 따지고 들 것이다.

실제로 나는 그런 많은 사례들을 경험하였다. 그것이 바로 사람의 본성이다. 적어도 내가 현장에서 실제로 경험하면서 느낀 것은 이랬다. 그러니 선생님들은 좋은 일을 하면서 법적인 소용돌이에 휘말릴 하등의 이유가 없다. 따라서 기록이 중요하고, 어떤 일이든 센터와 보호자에게 보고를 해야 한다.

다음으로 급여제공기록지인데, 위의 인수인계서류와 상태기록지는 센터들마다 양식들이 다를 수 있지만 급여제공기록지는 공단에서 관리하는 공적서류라 모든 센터가 동일하다. 요양보호사가 수급자의 집으로 직접 가서 이루어지는 서비스이므로, 방문요양센터에서는 출퇴근의 증명을 위해서 태그란 것을 찍는다.

태그는 핸드폰으로 앱을 깔고 그 앱을 열어서 자신의 출근시간과 퇴근시간을 찍는 것인데, 이것이 실시간으로 공단으로 전송된다. 그런데 많은 이유로 태그가 안 될 경우가 있다. 공단의 사정으로 전송 오류가 생긴 경우, 본인의 핸드폰 오류로, 핸드폰을 집에 두고 온 경우, 수급자의 집에서 일을 하시다 깜빡 잊은 경우(예를 들어 실제로 도착한 시간은 9시인데 9시 40분에 태그를 찍지 않은 것이 생각난 경우에 늦게 태그를 찍게 되면 퇴근시간이 늦어진다. 급여제공기록지에는 반드시 실제의 정확한 출퇴근시간을 기록해야 한다) 등이다.

그리고 만일 수급자의 병원 진료나 퇴원으로 병원으로 직접 가는 경우에는 그곳에서부터가 실제 요양 시작 시간임을 명심하자. 때로는 핸드폰 커버가 너무 두꺼워서, 핸드폰 뒤에 신용카드 등이 겹친 경우 전파방해로 안 찍히기도 한다. NFC 기능이 안 켜져 있을 경우, 갑작스러운 수급자의 등급변경 등의 여러 가지 이유가 있다.

태그가 되지 않은 경우, 급여제공기록지를 작성해야 할 때는 그날 바로 작성해서 센터로 보내야 한다. 그렇지 않고 한참 후에야 기록지를 작성하면 기억의 오류로 시간을 기억하지 못해 실제 출퇴근시간이 다를 수 있기 때문이다.

한 가지 예를 든다면 본인은 9~12시로 일을 했다고 기억하고 급여제공기록지를 작성하고 센터에 보냈고, 그 서류를 보고 청구도 했다고 해 보자. 그런데 다시 기억을 되짚어서 보니 실제로는 8시 30분에 출근하고 11시 30분에 퇴근한 것이었다. 만약 이런 경우에 요양보호사가 11시 30분과 12시 사이에 개인 사정으로 병원에서 진료를 보았다고 한다면 문제가 생길 수 있다.

결국 본의 아니게 부당청구가 될 수 있는 아주 중요한 문제가 될 수 있다. 고의가 아니기 때문에 사유서를 받으면 해결할 수도 있겠지만, 그 과정에서 우리 같은 관리자들이 복잡한 일을 겪을 수 있다. 그러므로 요양보호사님들은 공적서류 작성의 신중함이 무엇보다도 중요하다는 것을 알아 두어야 한다.

현장에서 일을 하다 보면 행정적인 면의 중요성을 본의 아니게 간과할 수도 있을 테지만, 장기요양보험제도는 국민들의 세금과 나라의 공적자금으로 운용되기 때문에 투명성이 가장 중요하다. 현장에서 일을 하면서 고충이 크겠지만, 이러한 점들을 항상 생각하셔서 급여제공기록지는 반드시 모든 게 정확해야 함을 기억하자.

시작 및 종료시간, 실제 서비스의 종류별 제공 시간 배분, 특이사항, 서명 등 한 가지도 소홀해서는 안 된다. 특히 요양보호사들은 서명보다는 반드시 정자로 이름을 쓰는 것이 좋다. 사정이 이러니 아주 특별한 이유가 아니면 반드시 태그를 찍는 것이 가장 투명한 방법이다.

수급자 상태기록지를 작성하는 방법

수급자의 상태기록지를 작성하는 것을 어려워하는 선생님들이 많다. 수급자의 상태기록지를 작성할 때에는 육하원칙에 의거해서, 측정 가능한 언어로, 공적인 언어와 문장으로, 정확한 사실 기반으로, 그때그때 기록해야 한다.

- 육하원칙: 누가, 언제, 어디서, 무엇을, 어떻게, 했나
- 측정 가능한 언어: 밥을 많이(잡곡밥 한 그릇), 소변을 자주(소변을 한 시간에 6번씩), 그저께 (7월 5일에), 점심쯤(오후 1시에). 원칙적으로는 몇 g, 몇 cc로 작성하는 것이 맞지만 현장에서는 그것을 측정할 만한 도구가 없으므로 위와 같은 정도만으로도 충분하다고 생각한다.
- 공적인 언어와 문장으로: '~ 했습니다', 심지어는 '했습니당'과 같은 어투로 작성한 분이 있었다. 수급자 상태기록지는 공적서류이고 공단평가 시 필요한 중요한 서류이므로 공적인 언어와 문장으로 작성하는 것이 원칙이다. 간혹 신조어나 줄임말(아침점심을 '아점'으로 쓰는 경우, 아이스아메리카노

를 '아아')로 적는 일도 있었다.

수급자상태기록지는 정확한 사실을 써야 하는데, 반 이상이 자신의 생각과 느낌을 쓰신 분이 있다. 그런 글은 대상자를 이해하고 서비스를 점검하는 것에는 아무런 도움이 되질 않는다.

- 정확한 사실 기반으로: '욕창인 것 같다'라 적기보다는 '의사에 의하면 욕창이라고 하였다.'이나 '엉덩이에 붉게 피부질환이 생겼는데 욕창이 의심스러워 보호자께 병원 내원을 권유하였다.'와 같이 작성한다. 전문가의 정확한 판단이 아닌 나의 일방적인 생각은 삼가야 한다.
- 그때그때 기록: 오늘 있었던 일은 바로 바로 작성해야 한다. 그렇지 않으면 기억의 오류와 왜곡으로 정확한 기록지가 될 수 없다.

상태기록지를 작성하는 이유는 지속적인 기록을 통해 수급자의 상태변화를 파악할 수 있어, 변화에 알맞은 서비스를 어떻게 투입할 것인지 점검할 수 있기 때문이다. 또한 수급자의 신체 · 질병 · 정서 등의 패턴을 파악할 수 있어 어떠한 증상이 나타날 경우, 내가 어떻게 대처해야 하는지도 예측할 수 있다. 그

뿐만 아니라, 내가 요양 시간 동안 어떤 서비스를 제공했는지에 대한 당위성을 증명할 수 있다.

아래 예시는 임의로 작성한 것이므로 상태기록지를 작성할 때 참고하면 좋을 것 같다.

[예시 1]

- **수급자 상태:** 오늘 9시에 어르신 댁에 방문해 보니, 어르신이 방 안에 누워 계셨다. 무슨 일이 있냐고 어르신께 여쭤보니 주말 동안 갑자기 어지러워서 아침 식사도 못 드시고 누워 계신다고 하였다. 속은 괜찮냐고 여쭤보니 울렁거림은 없고 기운이 없어서 그런 것 같다고 하였다.
- **서비스 제공:** 어르신이 밥보다는 죽이 좋겠다고 하여 흰쌀과 좁쌀을 섞어서 죽을 만들어 한 그릇을 드렸다.
- **결과:** 죽 한 그릇을 다 드시고 나서는 어지러움이 조금 나아지셨다고 앉아서 텔레비전을 보셨고 이야기도 나누셨다.

[예시 2]

- **수급자 상태:** 오늘 8시에 방문해 보니 어르신께서 혼자 울고 계셨다. 여쭤보니 돌아가신 남편 생각에 눈물도 나고 기분도 좋지 않다고 하였다.

- 서비스 제공: 어르신께서 기독교인이라 찬송가도 불러 드리고 함께 성경책을 읽으면서 위로를 해 드렸다. 또 남편분은 하늘에서 어머님께서 즐거워하고 식사도 잘하시는 건강한 모습을 더 좋아하실 거라고 마음의 위로를 해 드렸다.
- 결과: 함께 찬송가와 성경을 읽고 따뜻한 말에 감사하다고 말씀하시면서, 기분이 훨씬 나아지셨다고 아침으로 밥 한 공기를 드시고는 11시에는 함께 외출하여 산책도 하셨다.

요양 시간 전화 통화와 카톡 예절에 대해

사회복지사로서 우리는 종종 대상자와 통화하거나, 요양보호사가 일을 하지 않는 시간에 방문을 하여 그들의 고충을 듣기도 한다. 방문요양센터에서 가산사회복지사로 일을 하면 반드시 대상자의 집으로 한 달에 한 번 이상은 방문을 해야만 한다.

방문은 요양보호사가 일을 하는 시간에 해야 하므로, 대상자 혹은 요양보호사 두 분이 들어도 불편하지 않는 이야기만 할 수밖에 없고 양쪽의 서로에 대한 불편사항과 고충은 자세히 들을 수 없다. 사정이 이러하므로 우리는 전화 혹은 방문으로 대상자들의 불만불평 사항을 들을 수 있는데, 한 여자 어르신이 하는 말이 요양보호사가 요양 시간에 전화 통화를 너무 많이 한다는 것이다. 하루 종일 전화기만 붙들고 있다고 말씀하였다.

나는 먼저 그 어르신께 대신 사과의 말씀을 드리고 죄송하다고 말씀드렸다. 눈으로 직접 보지 않았으므로 선생님께는 말씀드리는 것이 불편하고, 내가 말을 전하면 둘 사이의 관계가 더 악화될까 봐 적당한 때를 기다리고 있다.

만약 내가 방문했을 때 그런 행동을 보였다면 내가 보았기에 직접 말씀드릴 수 있고, 그렇지 못해도 대상자분의 불평이 지속되면 요양보호사님을 다른 분으로 교체하는 것이 맞겠다고 생각을 했다. 요양보호사님도 자신에 대해 알아야 되기에 적당한 때가 되면 기분 상하지 않게 차분히 말씀드리려고 한다. 그래서 자신의 잘못된 행동을 고쳐 가면서 대상자와 지내는 것이 낫지, 또다시 다른 분으로 교체되면 대상자도 힘들기 때문이다.

요양보호사로 일하는 중에 전화도 카톡도 올 수 있다. 가정주부이므로 집안 행사, 경조사들 문제로 갑작스럽게 전화가 올 수는 있다. 갑작스러운 부모님의 사망이나 응급상황 전화가 오면 당연히 받아야 한다. 그러나 그럴 때도 자신이 일하는 곳은 공적인 일터임을 잊지 말아야 한다.

전화를 받더라도 받기 전 또는 후에 전화 통화를 할 수밖에 없는 사정에 동의를 구하면 어르신들도 이해해 주실 것이다. 그런데 아무런 전후사정도 밝히지 않고 계속되는 전화 통화는 어르신들 입장에서는 상당히 불쾌하고 불편한 일이다. 내가 본인부담금을 내고 나의 케어를 위해서 오신 분이 개인 전화와 카톡으로 시간을 보낸다면 불쾌한 감정이 드는 것은 당연한 일일 것이다.

제발 요양 시간에는 핸드폰을 진동으로 해 놓고 주머니에 넣고 있다가 주기적으로 꺼내서 확인하고, 급하게 통화할 일이 있을 때엔 어르신이나 보호자께 양해를 구하고 밖에서 통화를 했으면 좋겠다. 통화도 집 안에서 크게 자신의 사생활이 다 들리도록 하는 것도 여러 번 보았는데, 옆에서 듣기가 참으로 민망했던 적이 한두 번이 아니었다.

이 글을 보는 요양보호사분들 중에서 이렇게까지 신경을 써야 하는지 불평을 할 수 있지만, 사람을 케어하는 일이 이렇게 변수가 많고 작은 일에도 관계가 틀어지는 아주 힘든 일이라는 점을 한 번 더 생각해 주셨으면 한다. 그렇기 때문에 가족들도 하지 못하여 요양보호사선생님들께 맡기지 않았겠는가!

선생님들이 이런 어렵고 힘든 일을 하기 때문에 더욱더 자부심을 갖고 행동에 조심하면서 최선을 다하면 반드시 그에 맞는 대우를 받을 것이다. 사람은 자신이 한 만큼 상대방에게 대우와 대접을 받게 마련이다. 말로만 케어의 전문가라고 말하면서 정작 자신의 행동은 그렇지 않다면 어느 누구도 그 사람을 전문가라고 말하지 않을 것이다.

어떤 요양보호사님은 왜 어르신이 자신을 선생님이라고 안 부르냐며 따지는 모습을 보았는데, 그것은 본인의 행동에서 비롯된 것이었다. 어르신의 입장에서 자신의 케어에 소홀하고 자신을 존중하지 않는 그런 분을 누가 선생님이라고 존칭할 수 있겠는가? 한 번쯤 자신의 행동을 돌아보는 기회를 갖길 바란다.

그런데 다른 요양보호사님으로 교체하고 나서 그분이 어르신께 얼마나 정성을 다하고 케어해 드리고 존칭을 깍듯이 해 드리고, 행동과 말을 매사 조심해서 하니 그 어르신이 그분께 '우리 선생님'이라고 부르고 존칭하는 것을 보게 되었다. '가는 말이 고와야 오는 말이 곱다.'라는 속담을 다시 한번 생각나게 하는 사례였었다.

대상자의 집에
자신의 친구를 초대한 요양보호사

요양보호사님들이 흔히 하는 착각 중에 하나가 어르신들과의 관계이다. 오랜 세월 동안 요양을 하다 보면 어르신들과 굉장히 친밀해지는데 그럴수록 공과 사를 정확하게 구분해서 행동해야 한다. 부모님처럼 가까워졌다고 해서 대상자가 나의 부모가 될 수는 없고, 관계가 틀어지게 되면 그동안의 나의 모든 행동은 트집을 잡히게 마련이다.

그런데도 일부 요양보호사님들은 한 치 앞도 예상하지 못하고 본인 위주의 행동을 하는 실수를 저지르기도 한다. 약 6년 전, 독거노인 아버님 요양을 오랜 세월 하던 선생님이 요양 시간에 자신의 친구를 오게 한 일이 있었다. 나중에 알고 보니 한두 번이 아니었다. 그리고 그런 일을 아무렇지도 않게 이야기하는 것을 보고 나는 이 선생님의 자질을 의심할 수밖에 없었다.

기본적으로 장기요양대상자들은 노인성질환의 병자이기 때문에 본인도 가족들도 자신들이 이러한 도움을 받는 것을 타인에게 알리고 싶어 하지 않는다. 몸이 아픈 것도 케어를 받는 것도 창피해해야 할 일이 아니지만, 굳이 알리고 싶어 하지 않는 것이 그분들의 마음인 것이다. 물론 다 그런 것은 아니지만, 대부분의 사람들이 현재 아픈 자신의 모습을 아는 사람들에게 보이고 싶지 않은 이유와 같다. 사정이 이런데 대상자나 보호자에게 이러한 사실을 알리지 않고 수시로 요양보호사 자신의 지인을 대상자의 집으로 오게 하는 것이 옳은 일인지 묻고 싶다.

만약 그 지인에 의해서 대상자의 사생활이 입으로 전해져 개인정보가 유출된다면 그것은 바로 개인정보비밀보장의 원칙에 어긋나기 때문이다. 내가 살고 있는 곳은 도농도시의 지역사회이므로 건너 건너 다 알 수 있는 곳인데, 요양보호사가 이런 행동을 한다는 것은 자질을 의심할 수밖에 없다.

자신의 집으로 타인이 온다는 것을 어르신이 허락한 것도 아니고, 만일 허락한다 해도 당연히 하지 말아야 할 행동이다. 더군다나 그분은 인지적으로 문제가 있는 치매 어르신이었기에 더 문제가 될 수 있었던 사례였다.

대상자들과 내가 친밀한 관계가 되어 너무 편하다고 생각할 때마다 선생님들은 항상 오늘 나의 행동과 말은 어떠했는지 되돌아보고 공과 사를 정확하게 구분하였는지 점검할 필요가 있다. 이러한 문제를 별로 중요하다고 생각하지 않을 수 있지만, 나의 작고 무심한 행동과 말이 큰 파장을 불러올 수 있다는 점을 명심하길 바란다.

취업,
요양원과 방문요양센터 중 어디가 좋을까?

요양보호사교육원에서 강의를 하다 보면 많은 수강생분이 공통적으로 하는 질문이 있다. 그것은 바로 "어디로 취업을 해야 좋나요?"라는 질문이다. 사람들마다 제각각 다른 사정이 있기에 딱히 무엇이 더 좋다고는 할 수 없지만 대체적으로 나는 이렇게 말씀드린다.

우선 요양원을 기준으로 본다면,

- 경제적인 사정으로 고정적인 돈이 필요하다면 요양원을 추천해 드리고 싶다.
- 체력에 자신 있고 집 안에서 나의 존재가 많이 필요하지 않은 분들도 요양원 취업이 좋을 수 있다. 만일 자녀가 어리거나 손자녀를 돌봐야 하고 남편이 나를 필요로 한다면 요양원은 힘들 수 있다.
- 재가센터에 비해서 요양원은 중증환자 비율이 많으므로 체

력적으로 힘들 수 있다는 단점이 있다.

- 사망하시는 분들이 많으므로 그것을 경험하면서 정신적으로 우울해질 수 있고 정서가 저조해질 수 있다는 단점이 있다.
- 간호사처럼 주간 · 야간을 교대로 근무하므로 생체리듬이 깨질 수 있다.
- 방문요양센터에서는 집이라는 공간에서 근무하므로 가족들과 수급자에게 간섭이나 트러블, 성희롱 등을 당할 염려가 크지만, 요양원에서는 그럴 가능성이 좀 더 낮다는 장점이 있다.
- CCTV로 개인사생활침해를 경험할 수 있다는 단점과 관리자의 관리 · 감독을 더 받을 수 있다는 단점이 있다.

방문요양센터는,

- 자신이 일하고자 하는 수급자의 수를 본인이 자유롭게 선택할 수 있으므로, 일을 하면서도 개인생활을 함께 조율할 수 있다. 예를 들면 오전에 수급자 한 분만 하고 오후에는 수영이나 걷기 등의 운동을 할 수 있고, 친구들과의 모임에 나가는 등 가정과 일을 병행할 수 있다는 장점이 있다.

- 고정적인 수입이 목적이라면 방문요양센터는 적합하지 않을 수 있다. 두 분, 세 분을 요양하다가도 갑자기 어르신이 요양원을 간다거나, 사망한다거나, 주간보호센터로 가는 경우, 이사나 다른 자녀들의 집으로 옮기게 되면 큰 폭으로 수입이 감소될 수 있다.
- 요양원에 비해서 타이트하지 않으므로 봉사적 목적과 종교적 신념인 목적으로 한다면 적합할 수 있다. 이런 목적으로 일을 하시는 요양보호사분들이 삶의 활력이 되어 너무 만족한다고 하였다.
- 집이라는 한정된 공간에서 나와 수급자 일대일로 일을 하므로 수급자가 남자인 경우 혹은 가족에 의해 성희롱을 당할 수 있는 취약함을 갖고 있다.
- 수급자와 관계 형성이 잘되고 신뢰가 생겨 돈독해지면 오랜 세월 동안 즐겁게 일할 수 있다.
- 요양원처럼 관리자의 감독과 간섭을 수시로 받지 않으니 그런 점에서 오는 스트레스는 덜할 수 있다. 하지만 그만큼 모든 일에 대해 원리원칙으로 책임성 있게 요양해야만 하며, 센터와 자주 소통해야 한다.

마지막으로 주간보호센터가 있는데 주간보호센터는 아침부

터 오후까지 일을 마치고 퇴근하므로, 정시 출퇴근이 가능하고 급여도 고정적으로 수령할 수 있다. 따라서 요양원처럼 주야교대가 싫고, 방문요양센터처럼 고정적이지 않은 수입을 보완하길 원한다면 그런 점에서 장점이 있을 수 있다.

이 글은 내가 경험한 경험치에서 나온 생각일 수 있으니 참고만 했으면 좋겠다. 더 많은 사실을 알기 위해서는 도서관에서 관련 서적을 찾아 읽어 보시고 주변에서 요양원, 노인그룹홈, 주간보호센터, 방문요양센터 등에서 근무하는 선배 요양보호사님들께 조언을 구해 보는 것도 아주 좋은 방법이다. 현장에서 일하시는 분들이 가장 좋은 멘토가 될 수 있다.

요양보호사가
대상자에게 정치와 종교를 강요한다고?

방문요양 현장에서 일을 하다 보면 요양보호사와 대상자 간의 종교적 · 정치적 신념이 다른 경우가 많다. 당연히 민주주의 사회에서 사회구성원 모두는 자신이 원하는 종교와 정치적 신념을 가질 자유가 있다. 그런데도 현장에서는 일부의 요양보호사가 대상자에게 자신의 종교를 강요하고 포교하는 일들이 벌어지고 있었다. 어디 그뿐인가? 선거철이 되면 자신이 지지하는 당에 투표를 해야 한다고 은근한 압박과 강요를 하는 요양보호사들이 있었으니 정말 이해할 수 없는 광경이었다.

이렇게 자신이 믿고 있는 종교의 성도로 섭외하기 위해서 갖은 회유와 설교를 하는 사람들도 있었는데, 이러한 행동은 대상자를 한 사람의 인격이 아닌 자신의 도움을 일방적으로 받는 약자로만 생각하기 때문에 이런 일이 일어난 것이라고 나는 생각한다.

어떤 요양보호사는 내가 모니터링을 갔을 때조차 현재의 정권에 대해 비방을 하고 개인적인 생각과 주관적인 정치적 신념을 상대방에게 말하며 자신의 주장이 마치 진리인 것처럼 이야기하는 것을 보았었다. 자신이 휠체어를 밀어 줄 테니 선거하러 가서 ㅇㅇ당을 찍으라고 대상자에게 명령까지 하는 게 아닌가?

우리는 대상자들의 삶의 질을 개선시키고, 혼자서 독립적인 생활을 유지 · 향상될 수 있도록 도움을 주는 사람들이다. 우리는 우리가 해야 할 본질적인 의무와 책임을 잊어서는 안 된다. 정치적 성향은 개개인이 다 다를 수 있다. 그래야 민주주의의 이념에 맞는 것이다.

우리가 대상자에게 정치적 성향과 종교를 강요한다는 것은 윤리적인 이념에도 맞지 않을뿐더러, 대상자를 아무것도 할 수 없는 나약한 존재로만 여기고 존중하지 않기에 이런 행동을 하는 것이라고 생각한다.

대상자와 이야기를 하다가 정치적 · 종교적 주제로 대화를 나눌 수는 있고 서로 생각과 이념이 다를 수 있지만, 우리는 항상 중립적인 태도를 취해야 한다. 대상자의 일방적인 신념과 주장에도 우리는 있는 그대로 이야기를 듣고 그 뜻을 존중해 주면 된다. 비록 나와 다른 생각을 갖고 있을지라도, 일단 공감해 주고 그 뜻을 존중해 주면 우리로서는 할 일은 다 한 것이다.

일부 요양보호사들 중에는 대상자들의 경제적 · 사회적 지위로 사람을 판단하여 열악한 분들을 무시하거나 얕잡아 보는 행동을 하는데, 제발 대상자들을 차별하지 말아 달라고 부탁하고 싶다. 강자에게는 약하고 약자에게 강한 행동을 취하는 것은 우리같이 사회적 약자와 함께하는 사람들에게는 바람직하지 않은 행동이다.

또 다른 사례로 어떤 요양보호사는 요양 시간에 찬송가를 부르고 스마트폰으로 성경책을 보고 있었는데, 알고 보니 대상자를 위해서가 아니라 자신의 사적인 종교 활동을 하고 있었던 것이었다. 그럼에도 나와 대상자에게 미안하다는 어떤 말도 하지 않았고 자신의 행동이 잘못된 것이라고 전혀 알지도 못했으며 뉘우치는 모습도 볼 수 없었다.

물론 대상자가 자신과 같은 종교이고 함께 찬송가를 부르는 것을 좋아하고, 성경을 읽어 주는 것을 원한다면 당연히 해야 할 일이다. 그렇지만 이 대상자는 불교를 믿는 분이었다. 불교를 믿으시는 분 앞에서 자신의 사적인 일을 하고 있었던 요양보호사님. 어머님이 치매 환자라고 아무것도 모른다고 생각해서 그런 행동을 했는지 묻고 싶었지만, 더 이상 이야기하고 싶지 않아서 다른 선생님으로 교체해 드렸다.

이렇듯, 타인의 종교를 존중하지 못하는 분들은 요양보호사 일을 하지 않았으면 좋겠다. 나도 예수님의 선한 가르침대로 살고 싶은 사람이지만, 다른 분들의 종교까지 무시하고 존중하지 못하는 이기적인 태도는 정말이지 받아들일 수가 없다.

김장,
해야 되나? 안 해야 되나?

이 질문에 답하기 전에, 우선 요양보호사로서 해야 할 서비스 제공 내용을 살펴보자.

[신체 활동 지원]

- 개인위생(옷 갈아입기, 세면, 구강청결, 몸단장 도움 등)
- 몸 씻기 도움
- 식사 도움(영양 관리 등)
- 체위 변경
- 이동 도움(보행, 보장구 사용 등 도움)
- 화장실 이용하기

[인지활동 지원]

- 인지자극활동, 일상생활 함께하기 : 5등급 치매등급대상자를 위한 활동

[인지관리 지원]

- 인지행동변화 관리 등 : 5등급 프로그램외 등급대상자들도 치매 환자가 있고 인지력이 떨어지는 분들이 있으므로 이들에 대한 인지 향상 활동, 행동과 성격 변화 등을 관찰하여 대응하기 등

[정서지원]

- 의사소통 도움(치매, 지남력 · 판단력 저하, 언어기능 소실, 난청, 시각장애 등 자신의 의사표현에 어려움을 겪는 분들) 등 말벗, 격려

[가사 및 일상생활지원]

- 식사 준비, 청소 및 주변 정리정돈, 세탁 등
- 개인 활동 지원(동행 또는 대행)

  (참조: 노인장기요양보험법 별지 제12호 서식, 장기요양급여 제공기록지(방문요양))

이외에도 노인장기요양보험공단 홈페이지에 방문하면 더 많은 정보를 얻을 수 있다. 그렇다면 정말 김장을 해야 하나, 말아야 하나? 정답은 "하지 않는다."이다.

요양보호사는 대상자와 관련된 요양만을 해야 하기 때문이다. 대상자의 신변과 관련된 모든 활동, 그래서 대상자가 거주하는 공간만을 청소하고 정리정돈해야 한다. 또한 요양보호사는 파출부, 가사도우미가 아니므로 대량의 김장은 불가능한 업무이며, 명절과 제사음식 조리도 하지 않는다.

나는 요양보호사님들께 이렇게 말한다. 대상자가 독거로 살고 있는 경우에 반찬이 필요한 경우, 한두 포기 정도의 김치는 대상자를 위한 가사 활동에 속하는 일이므로 당연히 해야 하지만, 그 가족을 주기 위해 조리하는 모든 행위는 하지 않는 것이 원칙이라고 말이다.

종종 전 요양보호사분이 센터에 보고도 없이 가족들과 대상자의 요구를 들어주어 김장을 해 주고 심지어는 메주, 된장, 간장까지 만들어 주는 일이 있었는데, 이렇게 되면 생기는 문제가 있다. 요양보호사가 교체되면 전 요양보호사는 해 주었는데 왜 안 되냐고 오히려 당당하게 반문하는 경우가 생기기 때문이다.

내가 인정에 이끌려 이런 일들을 해 주면 다음에 오시는 요양보호사님은 더 큰 어려움을 겪게 된다는 점을 명심해야 한다. 그래서 요양보호사는 의문점이나 어려운 점이 생기면 요양을 진행하기 전 반드시 센터와 관리책임자에게 보고하고 상담해야 한다. 그래야 대상자와 요양보호사의 사이를 조율해 주고 중재를 하면서 어려운 점을 헤쳐 나갈 수 있다.

요양보호사가 요양을 하다 보면 위와 같은 일로 종종 수급자와 그 가족들과 마찰과 트러블이 생길 수 있는데, 이 미묘하고 민감한 문제를 혼자서 해결하려 하면 더 큰 문제로 발생할 수 있다. 더구나 말투에서 감정이 드러나게 되면 더 큰 싸움이 될 수 있으니, 센터와 상담해서 해결하여 그 책임을 시설장에게 이양하는 것이 가장 좋은 방법이다.

그런데 현재 운영하고 있는 방문요양센터의 수도 많고 또 시설장들의 철학과 성격도 다양해서, 이런 문제가 생겨도 대상자의 불합리한 요구를 그대로 들어주는 사람들도 있을 것이고, 양심적인 분들도 계실 것이다. 어떤 분야에서도 이론과 실제와의 괴리감은 늘 생기게 마련이다. 우리 방문요양센터에서도 그렇다.

나도 위와 같은 원칙들을 나열해 놓았지만 실제로는 꼭 원칙대로 되지 않는 일들이 많다. 이는 사람과 사람 사이의 일이기 때문에 가정이라는 일터에서는 늘 변수가 생기기 때문이다.

요양보호사가
개인사 노출에 신중해야 하는 이유

요양보호사분들이 현장에서 일을 할 때 공적인 일터임을 자주 잊을 때가 있는데, 그중 하나는 자신의 개인사를 대상자에게 말하는 것이다. 내가 요양원이나 주간보호센터에서는 근무경험이 없어 그쪽에 대해서는 언급할 수가 없지만, 방문요양센터에서 자신의 개인력을 대상자와 그 가족에게 노출시킨다는 것은 많은 위험부담으로 이어질 수 있음을 말하고 싶다.

많은 인력들이 섞여서 일하는 규모가 큰 요양원이나 주간보호센터와는 다르게 방문요양센터는 가정으로 찾아가 요양서비스를 진행하기 때문에 대상자와 요양보호사 혹은 대상자와 보호자들과 요양보호사 이런 식으로 근무하게 된다. 가정이라는 좁은 환경 안에서 대상자 또는 가족들과 요양보호사는 시간이 흐르면 가족과 같이 유대관계가 끈끈해지는 경우가 흔하다.

하지만 이럴 때일수록 선생님들은 공적 · 사적인 언행에 특히 조심해야 한다. 아무리 대상자 혹은 가족들과 친해지더라도 자신의 아킬레스건(감추고자 하는 가정사와 같은 것 등)은 절대 노출시키지 말아야 한다.

한 선생님은 남편과 이혼을 하였는데 대상자인 할아버지와 대화를 나누다 이런 개인사를 아무 생각 없이 말하였다. 이 사실을 할아버지가 함께 살고 있는 아들에게 전달하였고, 흑심을 품고 있었던 아들이 그 이후로 선생님에게 집적거리고 지속적으로 만남을 요구하였다고 한다.

센터장님이 이런 사실을 알고 그 아들에게 요양 중지를 통보하였다고 한다. 이혼한 여자는 아무렇게나 해도 된다는 그 못된 남자의 마음을 참 이해할 수 없다. 어쨌든 선생님은 그 일이 있은 후 마음의 상처를 받고 요양보호사 일을 그만두게 되었다.

방문요양이 대상자의 가정에서 이루어지기 때문에 선생님들이 자칫 공적인 직장임을 잊어 언행에 신중하지 못한 일들이 많은데, 그것이 자신에게 독으로 돌아오는 결과를 초래할 수도 있다는 점을 절대 잊어서는 안 된다.

요양보호사가 경제적으로 어려워 보이면 함부로 막 대한다거나, 또 부유하면 하루만 빠져도 배가 불러서 일을 그런 식으로 한다고 말한다거나…. 선생님들과 대상자들과 나눈 대화 속에서 이런 사실들을 알게 되고, 그 일들을 어르신들은 모두 다 기억하고 있었다. 그러니 어르신들과 대화할 때는 말하기보다는 듣는 쪽을 택해야 한다.

이렇게 말하는 대상자와 보호자들의 인성이 문제겠지만, 어쩌겠는가? 우리나라에서 갑질은 어디서나 이루어지듯이, 장기요양제도 안에서도 갑질은 흔히 발생한다. 갑의 권리를 어디에서도 제지하는 곳은 없는 것이 우리나라의 현실이다. 특히 방문요양센터는 그 수가 너무 많기에 "당신네 센터 아니면 다른 곳으로 가지." 하는 것이 현재 장기요양등급을 가진 일부 몰상식한 대상자와 보호자들의 태도이다.

그러니 요양보호사님, 예비 요양보호사님들은 자신의 사생활 노출에 굉장히 신중을 기해야 함을 조언해 주고 싶다. 나의 사생활이 노출되는 순간, 자신은 칼날을 쥐고 대상자는 칼자루를 쥐고 있다고 생각해야 할 것이다. 특히 지방과 같은 소도시에는 지연 관계가 좁아 하나 건너 둘 건너면 동창이고 친척이고 직장 동료가 되니 무심코 내뱉은 내 말이 누군가의 귀에 들어가게 되고 그것이 독으로 돌아오는 결과를 초래할 것이다.

리더로서 갖추어야 할 덕목

모든 단체에서 리더의 자리는 정말 중요하다. 한 단체와 조직의 흥망성쇠는 어떤 리더가 이끌어 가느냐에 달려 있다. 나는 이와 같은 사실을 지금의 센터에서 크게 느끼게 되었다.

내가 근무하고 있는 센터는 종교단체에서 운영하는 곳인데, 전에 근무하셨던 센터장님께서 사정이 생겨 다른 분야의 시설장으로 옮기면서 지금의 시설장님이 전적으로 운영을 맡게 되었다. 전 센터장님 주변은 늘 사람들로 북적였다. 원래부터 사람들을 끌어당기는 매력이 있는 분인지는 몰라도 늘 사람들로 북적이고 아는 지인이 많아 센터가 늘 활력과 활기가 넘쳐 직원으로 일하는 것이 재미있고 즐거웠다.

대상자가 계속해서 계약되고 많아지면 당연히 사회복지사인 내가 할 일이 많아지겠지만, 일이 많고 고단해도 센터가 번성하는 것이 좋았다. 내가 몸담는 사업장이 최소한 내가 있을 때만큼은 잘되었으면 좋겠다는 것이 나의 생각이다.

또한 센터장님은 요양보호사님들의 경제 사정, 가족 사항 등에 대해서 일일이 머릿속에 넣고 있어 그들이 아플 때나 슬플 때, 기쁜 일이 있을 때에도 항상 챙겨 주고 안부전화를 수시로 하면서 직원들과 소통하였다. 또한 경제적으로 어려운 선생님께는 일이 끊이지 않도록 대상자를 발굴하고 연계해서 소득이 지속되길 부단히 노력하였다.

요양보호사님들의 사정으로 요양 공백이 생기면 발 벗고 나서 병원 동행, 식사 도움 등을 해 주시고 사회복지사들이 해결하기 힘들어하는 일들을 모두 책임자로서 해결해 주시고 책임져 주므로 나는 항상 이런 분이 나의 상관이라는 것이 든든하고 믿음직스러웠다.

어떤 일을 결정하는 데에 항상 직원들과 소통하여 의견을 충분히 반영하고, 우리가 자율적으로 일할 수 있도록 신뢰해 주시고, 문제가 생기면 본인이 모두 책임지고 해결하였다. 문자로 카톡으로 말로 항상 "고맙다, 든든하다, 믿는다."라는 긍정적인 그분의 말은 항상 일을 하는 데 힘이 되었다. 상관이 직원을 신뢰하면 그만큼 책임감을 갖고 최선을 다할 수 있다.

자신이 센터장이면서도 자신의 부족한 부분을 숨기지 않고 모르는 것이 있으면 항상 직원인 우리들에게 조언을 얻고 물으셨다. 사람은 누구나 완벽하지 않다. 자신이 부족한 것을 알기 위해서 자신의 아랫사람에게 묻고 도움을 요청하는 겸손한 그분의 태도를 보면서 나는 늘 존경하고 있었다.

모르는 것이 있으면서도 타인의 도움과 조언보다는 자신의 고집대로 행하고 직원들의 의견을 무시하는 사람이야말로 리더로서는 적합하지 않은 사람이다.

지금의 시설장님은 요양보호사와 직원들의 조언과 불만 등에 대해 너무 무감각하고 그 말들을 듣고 수용하는 것이 얼마나 중요한지 모르는 것 같다. 아니면 알아도 모른 척하는 것인지 나는 알 수 없다.

리더의 자리에 있는 사람은 직원들을 자신의 가족같이 아끼고 사랑해야 한다. 그리고 어떠한 불만과 불평에도 귀를 열고 그 정보에 민감해지고 나아지기 위해 노력해야 한다. 직원들은 큰 것에 감동하지 않는다. 작은 말 한마디, 미처 생각지도 않았는데 나의 생일을 챙겨 준다거나 아픈 직원에게 전화 한 통 해주는 것에도 감동을 받는다. 자신이 잘 표현하지 못하는 성격이라는 핑계는 사람들에게는 전혀 통하지 않을 일이다. 리더의 자리에 있는 사람은 핑계를 대서는 직원들의 신뢰를 잃게 마련이다.

직원들에게 경조사가 있어도 어르신들이 병원에 입원하거나 돌아가셔도 무감각한 분을 보면서, 나는 이 센터에 대한 회의감을 느끼게 된다. 사람을 비교하는 행동은 정말 하고 싶지 않지만, 나는 지금 현재도 전 센터장님에 대한 그리움에 늘 퇴사를 생각하고 있다.

방문요양센터는 매우 역동적인 일이다. 요양보호사님들은 한 달에 한 번 간담회와 모니터링 때 볼 수 있고, 선생님들은 사무실이 아닌 매일을 어르신들의 집으로 출퇴근한다. 그렇기 때문에 어르신들의 집에서 일하다 보면 갑작스러운 병원 동행, 병원 동행 후 시간 초과, 요양보호사나 대상자의 이유로 변경되는 시간 변동, 어르신들의 상태에 따른 응급 상황과 같은 많은 변수가 수시로 생긴다.

이런 일들을 빠른 시간에 해결하고 반영할 수 있도록 해 주어야 신뢰를 얻을 수 있다. 빠른 시간에 현장에서 요구되는 일들을 처리해 주고 해결책과 방향을 제시하고 지시해 주어야 한다. 이러니 방문요양센터의 리더는 빠른 일처리의 능력을 갖추면서도 센터의 모든 일들에 민감하게 반응해야 한다.

그리고 이 모든 현장에서의 문제를 해결할 수 있는 많은 지식을 갖추어야 한다. 지식이 없는 리더는 빠른 시간에 현장에서의 문제에 대한 해결책을 제시할 수 없다.

또한 방문요양센터 대부분은 직원들의 거의 99.9% 이상이 여자로 구성되어 있으므로 사소한 일과 말로도 오해가 생기고 틀어질 수 있다. 그러니 더더욱 귀는 열고 말에는 신중을 기해야 한다. 자신과 반대되는 의견을 가진 요양보호사님이라고 배척하거나 대립해서는 안 되며 모든 직원들을 안고 품어야 한다.

방문요양센터와 같이 사람이 중심이 되어 이루어지는 사업은 결국 사람을 어떻게 자기 사람으로 만들어야 하는지가 가장 중요한 열쇠이다. 그래서 모든 직원들과 단 한 건의 불화도 없어야 한다. 비록 요양보호사님들의 각자 개성과 부족한 부분도 있을 테지만 단점보다는 장점을 칭찬해 주고 그 장점을 최대한 활용하는 것이 중요하다.

요양원과 방문요양센터를 함께 운영하던 곳에서 근무한 경험이 있었는데, 지금은 폐업하였다는 사실만 들을 수 있었다. 방문요양센터에서 요양보호사로 일하던 선생님께서 근무 중 허리를 다치셨는데도, 산재는커녕 따뜻한 위로의 말도 하지 않는 대표자와 그 직원들을 보면서 폐업한 것이 어쩌면 당연한 결과였을지도 모른다는 생각이 들었다.

내 사업장에서 성실히 근무하다 다친 직원을 그렇게 매몰차게 산재를 해 주지 않으려는 방법만 찾는 것을 보면서 나는 그곳을 떠나게 되었다. 직원을 사랑할 줄 모르고 아파서 필요 없게 되면 헌신짝처럼 버리는 모습을 보면서 과연 노인복지를 위해서 모인 게 맞는지 의심스러울 정도였다.

우리는 모두 사회복지사이고 소외계층의 인권과 복지의 철학과 이념을 갖고 모인 사람들이다. 그런데 그런 우리들 사업장에서 이런 일들이 일어나고 있다는 사실이 너무 부끄러웠다. 노인복지를 위해서 설립한 사업장 안에서 이런 비도덕적이고 비윤리적인 문제점들이 생긴다는 것이 앞뒤가 안 맞는 우스꽝스러운 광경인 것이다.

방문요양센터 설립을 고려하고 있는 분들께 하고 싶은 말이 있다. 사람을 사랑하지 않는 비인격적인 사람은 절대로 이 사업을 하지 말기를 바란다. 본인들의 그런 행태가 성실하게 복지를 실천하고 있는 진실된 분들께 피해가 가고 있다는 것을 명심하시길 바란다.

리더로서 많은 자질이 필요하겠지만 가장 최우선은 사람을 진실로 사랑하는 마음일 것이다. 그렇게 되면 직원들과 어르신들은 자연적으로 그 사람을 믿고 사랑할 것이다. 물론 사람을 사랑하는 마음은 타고나야겠지만, 사람보다 돈이 우선인 사람은 이 사업을 절대로 하지 말기를 바란다.

지금 나는 또 다른 인생의 목표를 위해서 내 인생의 전환점을 찾고 있다. 이 책이 발간될 때쯤에는 어쩌면 또 다른 나의 길을 찾아 가고 있을 수도 있을 것이다. 그것이 언제가 될지 알 수는 없지만 내가 그 길을 찾게 되면 어쩌면 이 센터와의 이별도 준비해야만 한다.

그동안 맺어 온 많은 어르신들과 요양보호사 선생님들과의 아름다운 인연을 뒤로하고 떠날 생각을 하면 마음이 아프고 저려 오기도 하지만, 만남이 있으면 헤어짐도 있는 법. 나는 나의 후임자가 잘해 줄 것을 믿고 미련 없이 떠날 것이다. 햇수로 7년이라는 세월 동안 나 나름대로 이 센터에서 최선을 다했고 열정을 다해서 쏟아부었기 때문이다.

나는 요즘 〈불멸의 이순신〉이라는 드라마를 다시 보면서 진정한 리더의 모습을 보여 주는 이순신 장군에 감탄을 금치 못하고 있다. 그렇게 올곧고 강직하고 청렴한, 또 부하들과 백성들에게는 한없이 인간적인, 그럼에도 치졸하고 졸렬한 선조와 대신들에 의해 파렴치한 견제와 모함을 받으면서도 자신의 신념을 위해 한 치의 흔들림도 없는 그런 모습을 보며 나는 다시 한번 진정한 리더의 덕목을 되새기고 있다.

이순신 장군 같은 상관을 만나면 얼마나 행복할까? 장군의 휘하에 있던 장수들을 보면서 무척이나 부러웠다. 그런 분이 내 상관이면 어떤 일도 헤쳐 나갈 수 있겠다는 생각이 들었다. 우스갯소리지만 이순신 장군도 사주가 경오일주인데, 나도 경오일주이니 이분에게 이렇게 내가 끌리고 흠모하게 되는 것도 어쩌면 운명일지도 모른다는 생각이 든다. 그리고 문득, 그런 상관을 만나는 것이 아니라 내가 그런 사람이 되어야겠다는 꿈을 갖게 되었다.

돈? 관계?
요양보호 업무 선택의 우선순위

월요일부터 토요일까지 2시간만 요양을 받으시는 남자 어르신이 계신다. 이분이 처음 우리와 계약을 했을 때에는 주 3회 하루 2시간 샤워 도움과 주변 정리정돈만을 요양의 내용으로 계약하였다.

요양보호사님과 센터에서의 이익을 생각하면 하루에 3시간을 사용했으면 좋겠다고 생각하겠지만 그것은 우리 생각이다(모든 센터가 그렇지 않겠지만 최소한 내가 이 센터에서 경험한 것에 따르면, 주 3회 2시간의 대상자를 케어하기 위해서 선생님을 구하는 것은 쉽지 않았다. 봉사의 마음으로 해 주시거나 나와의 친분으로 부탁하여 구하거나 대상자 집과 가까운 곳에 살고 계시는 등의 경우에 간절히 부탁해야 가능했다).

대상자와 보호자의 입장에서 보면 주 3회 하루 2시간 요양을 받는 것도 경제적으로 상당한 부담이 되었던 것이다. 뇌경색이 발병하여 아픈 이후부터는 수입원이라고는 국민연금과 노령연금밖에 없어서 그것만 가지고는 두 부부가 대학병원에서 진찰받고 약을 타고 치료하기에 턱없이 부족하였다.

사정이 이러하니 단 5만 원 정도의 본인부담금도 달마다 부담하는 것이 굉장히 힘들었을 것이다. 센터에서는 센터나 요양보호사의 이익을 먼저 생각해서는 안 된다. 대상자가 원하는 시간대에 원하는 시간 동안 요양을 해 드리는 것이 가장 기본적인 원칙이며 그것이 가장 우선순위이다.

하지만 센터를 운영하고 관리하다 보면 꼭 대상자 위주로 진행되지 않는 일들이 있다. 방문요양센터는 대상자만 관리하는 곳이 아니라 직원인 요양보호사도 함께 관리하기 때문이다. 사정이 이렇다 보니 대상자가 원하는 욕구와 요양보호사와의 요구를 서로 조율해야 하는 일들이 있는데 그것이 그렇게 쉽지 않다.

요양보호사들이 아무리 어르신에 대한 애정과 봉사정신을 갖고 일을 한다고 하지만 경제적인 취득이라는 정당한 대가에 대해서도 충족시켜 드려야 한다. 자신의 교통비를 들여 가면서 주 3회 2시간이라는 일을 선뜻 해 주려는 분들이 얼마나 계실까? 일을 하러 나온 분들은 대체로 긴 시간을 원한다. 그것을 선택하는 것은 본인들의 권리이니 우리는 강요를 할 수 없다. 해 주시는 분이 계시면 고마운 것이고 해 주시지 않는다 해도 어쩔 도리가 없다.

그런데 나와 오랜 세월 친분이 있던 선생님께서 이 아버님을 맡아 주신다고 하였다. 아마 내가 부탁한 것을 차마 거절할 수 없어서 그랬을 것이라고 생각한다. 오전, 오후의 두 분을 케어하고 나면 이 아버님의 집까지 거리가 상당한데도 2년이라는 시간을 아주 충실하게 도와주셨다.

그렇게 책임을 다하고 개인적 사정으로 그만두게 되었다. 지금 현재는 다른 선생님께서 요양을 해 주시고 있다. 지금 오신 선생님 이전의 선생님이 계셨는데, 이분이 오시면서 대상자의 부인이 건강이 악화되어 남편을 제대로 케어하지 못하여 집안이 엉망이 되면서 문제가 심각해졌다.

나는 이 대상자의 따님과 전화 상담을 하여 주 3회가 아닌 주 6회의 요양으로 변경해 주시기를 부탁하였다. 어머니께서 건강했을 때에는 주 3회라는 짧은 시간도 케어가 가능했지만, 현재는 그 시간만으로는 아버님 병원 동행이며 집안일 등을 수행하기엔 턱없이 부족했기 때문이었다. 또한 부모님이 부담스러워하는 본인부담금도 따님이 부담해 주시길 부탁하였다.

다행히도 따님께 동의를 받고 주 6회의 요양을 시작하였다. 이렇게 요양시간, 본인부담금의 문제도 해결이 되어 요양이 잘 진행되고 있었는데, 그로부터 4개월이 되지 않아서 선생님께서 다른 센터에 7시간 일이 생겼다고 그만두겠다고 하였다.

그동안 선생님이 나름대로 최선을 다해서 아버님께 질 높은 케어와 어머님과의 좋은 관계를 유지해서 전혀 생각하지 못했는데, 그 이야기를 듣고 서운한 감정이 치밀어 올랐다. 선생님의 입장에서 보면 7시간을 일할 수 있는 조건이니 경제적 취득이 먼저인 그분께는 더할 나위 없이 좋은 조건이었을 것이다.

하지만 대상자도 보호자들도 선생님에게 익숙해져서 편안해질 무렵 다른 분으로 교체된다고 하니, 그분들에게는 또다시 스트레스로 다가올 게 분명했다. 사람과 사람이 서로 익숙해지고 관계가 형성된다는 것이 얼마나 힘들고 어려운 일인지, 아마 사람을 대하는 직업을 가진 분들은 잘 이해하실 것이다.

보호자인 따님은 혹시 자신들한테 문제가 생겼나 하고 서운한 감정을 나에게 말하였는데, 나는 사실대로 말하자니 보호자님의 마음에 상처를 줄까 미안해서 개인적인 사정으로 일을 쉬어야겠다고 하셨다고 선의의 거짓말을 했다. 그렇게 해야 관계가 끝나도 좋은 감정을 가질 수 있다고 믿기 때문이다.

내가 오랜 세월 요양보호사들과 관계하고 소통하면서 선생님들도 일을 막 시작하셨을 때보다는 많이 변화하고 달라져 있는 모습을 발견하게 된다. 이 선생님도 순수했던 예전의 모습과는 달리 경제적 이득에 의해 행동하는 모습에 간혹 실망하기도 하지만 선생님들이 이렇게 변하는 것을 어디 그분들에게만 탓을 돌릴 수 있을까?

대상자들이 자신들의 필요에 의해서 일을 시키다가 자신의 마음에 조금 들지 않거나 내키지 않는다고 수시로 사람을 바꿔 달라고 하는 부당한 일들을 겪고 나면 사람에 대한 믿음과 신뢰가 깨지기 때문이다. 극단적으로는 사람이 싫어지고 그에 대한 방어가 커지게 마련이고, 은연중 나 자신도 그들과 같은 모습이 되고 있을 수도 있다.

최선을 다해서 케어하는 요양보호사님들에게 아픔과 상처를 주지 말자. 또한 요양보호사님들도 경제적 이익과 대상자와의 애정 사이에 대해 고민하고 조율하는 마음을 품었으면 좋겠다. 어떤 선택을 하시든 그 결정은 선생님의 권리이지만, 우리 현장에는 부당한 대상자들만 있는 것이 아니다. 선생님들의 진실된 마음을 사랑하고 존중해 주고 손꼽아 오늘도 그 손길을 기다리고 계시는 아름다운 대상자들도 많다는 사실을 알아주셨으면 좋겠다.

제4장

간병의 짐을 지고 계신 보호자분들께

어머니를 자주 보기 위한 어느 딸의 선택

요즘에는 요양원에서의 면회가 많이 완화되어 부모님의 면회가 가능해졌지만, 코로나가 시작되는 2020년에는 면회가 자유롭지 않았었다. 2020년 코로나가 심각해지면서 면회는 전면 금지되어 얼굴 한번 보지 못하고 부모님의 죽음을 맞이한 분들도 많으셨을 것이다. 내가 모시지 못하여 요양원에 보낸 것도 마음이 아픈데, 면회도 변변히 못하고 임종을 맞이한다는 것은 참으로 가슴 아픈 일이다.

약 2년 전, 코로나가 심각해질 무렵에 우리 센터에 계약을 하신 분이 계셨다. 우리 센터에서 요양보호사로 일을 하시다가 그만둔 분이었는데, 자신이 돌볼 대상자가 있다며 연락을 해온 것이다. 고령의 어머니였는데, 그 대상자는 요양보호사님이 다니는 교회의 같은 성도님이었다. 어머님의 따님도 같은 교회 성도였고, 이것이 인연이 되어서 우리 센터와 계약을 하게 되었다.

대상자의 따님은 어머니를 모실 형편은 안 되고, 또 요양원으로 보내게 되면 코로나 때문에 면회가 안 되니 보고 싶은 어머니를 볼 수 없다는 것이 마음에 걸렸다. 그러던 중 교회 목사님께서 요양보호사님을 소개한 것이다. 옛날에 요양보호사님이 자신의 시어머니를 정성껏 모신 것을 평소에 눈여겨보았던 목사님께서 따님의 딱한 사정을 듣고 서로 소개를 해 준 것이다.

이렇게 해서 결국 요양보호사님의 집으로 어머니를 모시고 와서 어머니는 정성스런 케어를 받게 되었다. 요양보호사자격증을 갖고 있던 선생님의 집으로 대상자의 거취를 옮기고 돌봐드리는 것이니 방문요양상 아무런 문제가 될 것은 없었다.

그렇게 어머니는 요양보호사님의 정성스럽고 진심 어린 케어를 받았고, 여생을 편안하게 지내시다가 1년 후에 임종을 하시게 되었다. 따님은 코로나가 심각하게 확산되었던 그 시기에 정말로 좋은 분을 만나게 되어 자신이 어머니를 보고 싶을 때 마음껏 보면서 어머니의 임종까지 볼 수 있게 된 것이다.

같은 교회 지인들이니 임종 시에도 종교적인 의식으로 잘 마무리하셨을 것이다. 어머니에게도 따님에게도 이런 행복한 시간을 갖게 된 것은 하나님의 은총이라고 설명할 수밖에….

나는 사실 완벽한 기독교인도 아니다. 예수님의 선한 말씀과 자취를 본받고 싶을 뿐인 평범한 사람이다. 하지만 지난 세월 동안 많은 어르신들과 요양보호사 선생님들, 보호자들을 만나 오는 동안 논리적으로는 설명할 수 없는 인연과 만남을 보면서 인간의 힘으로는 도무지 할 수 없는 일들이 있음을 느끼게 된다.

많은 돈을 받지도 않으면서도 자신의 부모님처럼 24시간을 잠도 제대로 이루지 못하고 종교적인 사명감과 철학으로 이 어머니를 돌봐 주셨던 선생님. 이런 분이 바로 하나님께서 보내 주신 천사가 아닐까? 만약 부모님을 모시고 싶어도 사정이 안 되어 어려운 분들은 이런 사례도 있으니 참고하면 좋을 것 같다.

땅콩집에 갇힌 어머니

땅콩집이라고 한 번쯤은 들어 본 적이 있을 것이다. 협소주택이라고 해서 옆으로 넓은 주택형식이 아닌 세로로 길고 좁게 지은 집이다. 약 2년 전, 이 땅콩집에서 살다가 돌아가신 어머니가 계신다. 우리 센터 대상자였는데 며느리가 시어머니를 케어하는 가족요양대상자였다.

며느리도 어머니도 모두 인품이 좋은 분들이었는데, 문제는 바로 이 집이 어머니의 사회적 고립을 초래하는 장애물이 되었던 것이다. 미용실을 가고 싶어도, 이웃을 만나고 싶어도, 병원을 가고 싶어도, 어머니는 이 모든 것을 하지 못했다. 내가 원하는 때에 하고 싶은 것을 하지 못한다는 것은 아마도 어머니에게 큰 스트레스를 안겨 주었을 것이다.

몸체도 워낙 작은 편에다 류마티스성 관절염과 골다공증을 앓고 있어서, 몸이 굳고 발목 · 손목 · 손가락도 휘어지고 틀어져 아들의 도움 없이는 한 발자국도 나갈 수 없는 처지였다. 그런데다 어머니의 방은 이 집의 3층에 위치해 있으니 이 집을 나가려면 좁고 긴 계단을 통해서 나가야 하는데, 혼자서는 어림도 없는 일이었다. 아들이 휴가를 내고 어머니를 업고 나가거나 119구급대에 의해서 나가야만 이 집의 문밖을 나갈 수 있는 것이었다.

사실 이 어머니에게 이 집은 말이 집이지 감옥이나 다름없었다. 도대체 아들과 며느리는 어떤 생각으로 땅콩집을 지을 생각을 했을까? 더군다나 이 집의 원래 터는 어머니가 살고 계시던 곳이었다는데, 기존의 집을 없애고 이 집을 지었던 것이다. 이 집을 지을 수밖에 없었던 사정을 자세히는 알 수 없지만 자신의 어머니를 조금이라도 생각했다면 이런 선택에 신중했을 것이라고 생각되었다.

많은 노인들이 감옥 같은 집에 살고 있는 것을 보았다. 노인들에게는 계단이 있는 집은 절대로 추천해 드리고 싶지 않다. 1층으로 이루어진 주택이거나 반드시 엘리베이터가 있는 아파트나 건물을 추천한다.

평범한 사람들은 '그까짓 계단 정도가 무슨 큰 문제가 될까?'라고 생각할 수 있다. 하지만 노부부 중 한 분이 병자면 한 분도 그만큼 몸이 아플 수 있다. 노인은 이미 많은 노인성질환을 갖고 있다. 이런 상황에서 노인 혼자의 힘으로 환자와 함께 병원 내원과 외출이 얼마나 가능하겠는가?

게다가 집 안에 계단까지 있는 최악의 조건이면 잠깐의 외출도 힘든 상황이 된다. 그럼 자녀들은? 자녀들 중에도 부모님 때문에 일일이 방문해서 도와주는 분들이 얼마나 있을까? 각자 떨어져 살고 있는 자녀에게도 부모님에게 올인하기란 정말 힘든 일일 것이다. 이 때문에 노인들은 나가고 싶어도 나갈 수 없는 상황이 된다.

이런 분들을 경험해 보지 않으면 믿지 못할 것이다. 지역사회 내에서 얼마나 많은 노인들이 집의 구조적 장애로 사회로부터 고립되고 있는지를 나는 수많은 사례를 통해 직접 경험하였다. 요양보호사교육원에서도 나는 이런 사례에 대해서 교육을 하지만, 직접적으로 경험하지 못한 사람들에게 그 말이 쉽게 다가갈 수 없음의 한계를 느끼게 된다. 그렇지만 당장 내가 다리를 다치거나 허리 수술을 받기라도 하면 이런 이야기가 정말 절실하게 현실로 다가올 것이다.

나도 과거에 다리를 다친 후에야 사회에서의 모든 환경이 나에게 장애가 됨을 알게 되었다. 계단, 신호등(다리를 다친 나에게 신호등의 초록불 시간은 건너기에는 턱없이 너무 짧으니 무릎이 안 좋은 노인이나 장애인에게는 얼마나 짧은 신호가 될 것인가), 경사로가 설치되지 않은 건물의 턱, 도로와 도보를 연결해 주는 경사와의 차이(휠체어가 오르내리기 너무 힘들었다), 노후된 아파트의 가파른 경사로, 엘리베이터가 없는 의원 등은 몸에 장애가 있는 사회적 약자들에게는 너무나 큰 이동의 장벽이었던 것을 깊이 깨닫게 되었다.

중년에서 노년으로 가고 있는 분들은 화려하고 좋은 집보다는 나의 노후에 맞게 편리하게 지어진 집을 꼼꼼하게 살펴서 구입하거나 짓는 현명한 선택을 하시길 바란다. 내가 노인이 되어서 내 건강 상태와 신체 상태가 어떻게 될지는 아무도 알 수 없다. 지금 당장 나의 신체가 건강하다고 자신하고 함부로 집을 선택했다가는 노년을 감옥 같은 집에서 보내게 될지도 모른다.

나의 배우자라 해도 인권은 보호해야 한다

2016년쯤에 다른 센터에서 잠깐 근무한 적이 있었다. 모니터링을 위해서 서울까지 대상자의 집을 방문한 적이 있었는데, 좀 특이한 케이스였다. 대상자와 그 배우자는 본인의 거주지에서 요양을 받다가 서울에 살고 있는 아들 내외의 손자를 돌봐주기 위해 거주지를 옮겼고, 서울에서도 이 센터의 대상자로 그대로 케어를 받고 있었다.

이 일이 가능한 것이 아내가 남편을 돌보는 가족요양대상자였고, 서울에서 약 몇 년간 있다가 다시 본거주지로 가야 했으므로 서울의 센터로 옮기지 않았던 것이다. 남편인 대상자는 침상에 하루 종일 누워 있는 1등급 와상 환자였다. 혼자서는 아무것도 할 수 없는 상태였으므로 모든 것은 아내의 손에서 이루어지고 있었다.

요양보호사인 아내분과 거실에서 이것저것 대상자의 상태에 대해서 이야기하고 있었는데, 갑자기 선생님께서 일어나서 안방으로 같이 가자고 하셨다. 나는 아무 생각 없이 따라갔는데, 갑작스럽게 남편이 덮고 있던 이불을 젖히면서 대상자의 하체의 알몸을 보여 주시는 게 아닌가!

그 이유인즉 자신만이 알고 있는 기저귀를 아끼는 방법을 보여 주기 위해서였고, 성기에 비닐봉지를 묶어서 소변이 차면 버리는 방법이라고 하였다. 너무나 순식간에 벌어진 일이라, 차마 그 상황을 피할 겨를이 없었고 나는 너무나 민망하였다.

누워 계신 대상자의 일그러진 얼굴 표정과 입으로 내뱉는 말을 듣고 얼른 방 안을 나갔던 기억이 난다. 남편의 입장에서 보면 자신은 그런 상황에 대해 허락한 것도 아니고 동의한 것도 아닌데 남에게 자신의 중요한 신체를 보여 준 것이니 얼마나 화가 나고 기분이 나빴을까!

거실로 나온 나는 아내인 요양보호사 선생님께 아무리 남편이라도 낯선 사람에게 이렇게 하는 것은 다음부터 주의해 달라고 말씀드렸다. 가장 편한 배우자라 해도, 본인의 허락 없이 자기 생각대로 무심코 하는 행동 때문에 배우자의 인권이 침해당하고 있다는 것을 알아야 한다.

내 배우자가 내 도움 없이는 아무것도 할 수 없을지라도, 내 소유물이 아니다. 그렇기 때문에 우리는 서로의 인권을 지켜 주어야 한다. 만약 남편이 아닌 아내분이 아파서 이런 일이 있었다고 생각해 보자. 낯선 사람이 나의 동의 없이 내 몸을 지켜본다고 하면 그 얼마나 수치스러울지를….

가족이라는 틀 안에서 우리는 가족을 너무 편하고 쉽게 생각하는 경향이 있다. 너무 가깝다고 편하다는 이유로 가족들에게 상처나 아픔을 주지는 않았는지 반성해 보길 바란다.

부부 중 누군가는
환자가 되고 간병인이 된다

어제는 작은 시어머니의 부고를 듣고 남편과 함께 서울의 한 장례식장을 찾게 되었다. 지병이 있었는지 전혀 알지 못했기 때문에 갑작스러운 죽음은 받아들이기 힘든 일이었다. 61세에 폐암이었는데 너무 늦게 발견해서 아마 빠른 시간에 전이되었던 모양이었다.

작은 시아버님과 외아들 둘만 남겨 놓고 떠나야 하는 그 마음이 오죽했을까! 나는 홀로 남겨진 작은 시아버님을 보면서 초췌한 모습에 마음이 짠함을 느꼈다. 내가 이런 감정을 갖게 된 것은 그동안 수많은 노인들을 만나면서, 아내 없이 혼자 살아가는 남자 어르신들의 삶이 얼마나 힘든지를 경험했기 때문이다.

그동안 아내만을 믿고 집안일은 전혀 해 보지도 않은 남자 노인들은 갑작스러운 아내와의 사별 후에는 반찬 하나조차도 하지 못하는 신세가 된다. 남편들은 언제까지나 옆에 아내가 있어 줄 것이라 착각하지만, 부부 중 누가 더 먼저 죽음을 맞이할지는 알 수가 없다. 그것은 아마도 신만이 아실 것이다. 그런데도 앞날을 통찰할 줄 모르는 많은 남자들은 후에 자신이 혼자 남겨질 경우 혼자 살아갈 방법을 전혀 연습하지 않는다.

남자가 혼자 살아가기 위해서 가장 먼저 연습해야 할 것은 집안일이다. 특히 요리하는 방법, 청소하는 방법, 살림하는 방법을 미리 배워야만 한다. 그래야만 혼자되었을 때 며느리나 딸에게 의지하지 않고 혼자 내 식사 한 끼라도 챙겨 먹을 수 있다. 이것이 노년이 되어 혼자서 자립할 수 있는 가장 첫 번째 방법이다.

많은 노인들을 만나 보았지만, 부부란 노년이 되면 누군가는 환자가 되고 간병인이 된다. 그런데 아내가 아프고 남편이 간병을 하게 되면 문제가 생기게 된다. 왜냐하면 모든 남자들이 그렇지는 않겠지만, 내가 경험한 대부분의 남자 노인은 아내를 간병하고 케어하는 데 너무나 부족한 모습을 보였기 때문이다.

아내가 남편을 간병을 하면 살림도 가능하고 여자 특유의 세심함이 있어 능숙하게 잘할 수 있지만, 살림에 서툴고 여자에 비해서 세밀한 관찰이 부족한 남자들은 아픈 아내를 간병하기엔 역량이 너무 부족했다. 혹시라도 이 글을 남자분들이 읽는다면, 지금부터라도 요리를 배우고 살림을 함께하는 지혜로운 사람이 되자.

요즘은 과거와는 달리 아내들도 함께 맞벌이를 하면서 경제적으로 동참하고 있는데도, 남편들이 아내에게 집안 살림, 자녀들 육아까지 떠맡기고 있는 것은 시대에 뒤떨어진 생각이다. 페미니즘을 조장할 생각은 없다. 다만 현실이 그렇고 젊은 시절에 부부가 서로의 입장에 공감해 주고 함께 모든 것을 함께해야 노년이 되어서도 좋은 관계를 유지할 수 있기 때문이다.

젊은 시절 서로에게 상처를 주게 되면 노년이 되어서는 남남처럼 살게 된다. 서로가 아파도 눈길 하나 주지 않고 병을 얻어 누워 있으면 바로 요양원에 보내 버리는 분들을 보았는데, 내막을 알고 보면 모두 젊은 시절에 서로에게 심한 상처와 무관심을 받은 분들이었다.

반대로 내가 보기에도 배우자를 케어하기에 너무도 힘들어 보여 요양원 입소를 권유했지만, 임종 전까지도 정성스러운 케어를 하면서 돌본 어머니나 아버님들을 보면 모두 서로에게 애정을 갖고 상대방을 존중해 준 부부들이었다. 노년이 되면 부부밖에 없다.

어떤 어머님은 자주 방문하지 않는 자녀들에게 원망스러운 말을 하지만, 치열한 현대사회에서 자녀들도 살아가려면 노년의 부모에게 올인할 수 없는 것이 현실임을 어쩌겠는가! 그것이 현실이다.

요양보호사교육원에서 공부하러 오시는 분들 중에는 남자분들도 있는데, 혹시라도 아내가 아플 수 있을 미래를 대비하여 요양의 케어를 배우고자 오신 분들도 계셨다. 이 글을 읽으시는 분들께, 나중에 혹시 부모님을, 내 배우자를 케어할 때가 있을 경우를 대비해서 꼭 요양보호사의 자격을 취득할 것을 권유하고 싶다. 물론 모두 아프지 않은 것이 최대 소망이지만, 노년에 아프지 않고 지내시는 분이 얼마나 계실까!

케어의 지식도 배우고 부모님이나 배우자를 돌봐야 할 일이 생기면 내가 돌보면서 가족요양비(대상자에 따라 한 달에 20회 케어 대상자면 약 40만 원, 한 달에 31회 대상자이면 약 80만 원 정도가 된다. 일반인들이 보면 작은 돈일 수 있지만 노인들의 생활비로는 아주 유용한 금액이다)를 받으며 경제적 어려움을 이겨 나갈 수 있는 방법이다.

상처받은 기억이
절대로 잊히지 않는 치매 어머니

고령의 치매 어르신이 있었다. 며느리가 가까운 곳에 살면서 돌보고 있던 분이었는데, 치매가 심했다. 그래서 침상에서 식사하고 텔레비전을 보고 양치질하며 침상 생활을 하는 분이었는데, 이분한테는 심각한 문제점이 있었다. 씻지도 않고 물건을 던지고 욕설을 하는 데 그치지 않고 요양보호사님을 이빨로 물어뜯는 행동까지 보였던 것이다.

돌보는 대상자가 너무 욕이 심하고 물고 하니 요양보호사님에게 정말 미안한 마음을 어떻게 표현할 수가 없었다. 아무런 잘못도 하지 않았는데 일방적으로 어머니에게 당하고 있으니, 방문할 때마다 정말로 미안함을 어떻게 표현해야 할지 몰랐다.

그러던 중 며느님에게 뜻밖의 이야기를 듣게 되었다. 어머님은 남편의 외도 때문에 젊은 시절부터 고통을 받았다는 것이었다. 그런데 그 외도 상대인 여자와 요양보호사 선생님이 외모며 목소리, 심지어는 말투까지 닮았다는 게 아닌가?

치매를 앓고 있고 기억력은 나빠지고 있었는데도 그 기억만은 또렷하게 기억하고 있었던 것이었다. 어머니의 입장에서 보면 그 나쁜 인간이 내 집에 와서 나를 돌보겠다고 하는 것이니 도저히 용서가 안 되고 치밀어 오르는 화를 주체하지 못했을 것이다. 남편의 외도를 잡기 위해서 따라나섰다가 교통사고가 나서 뇌손상으로 인해 치매가 발병하게 되었던 어머니였다. 그러니 그 상처받은 기억은 치매가 악화되어도 지워지지 않을 수밖에….

그 후 어쩔 수 없이 요양보호사님을 바꾸게 되었다. 선생님은 아무 잘못도 없지만 그런 사정이 있으니 두 분 모두 고통받지 않도록 새로운 분으로 바꾸게 되었다. 이후 어머니의 치매 증상은 지속되었지만 난폭한 행동은 조금씩 잦아들었다. 만약 그 사실을 몰랐다면 정말 난폭하고 포악한 노인으로만 기억되었을 것이다.

제발 남편분들은 외도로 인해 자신의 소중한 아내에게 상처를 주지 말자. 이 세상에서 가장 소중한 존재가 누구인지 다시 한번 생각해서 아내와 자녀들에게 상처를 주지 않기를 바란다. 잠깐의 외도가 아내보다 소중한가?

어리석은 행동이 말년에 얼마나 비참한 결과를 가져다주는지에 대해 나는 많은 남자 노인들을 보면서 알게 되었다. 젊었을 때에 자신이 쌓은 업보는 반드시 말년에 받게 됨을 나는 많이 보았다. 배우자, 자녀들에게 외면받고 버림받는 것을 말이다.

본인부담금을 내지 않으려는 보호자

한 달 동안의 방문요양을 받게 되면 보호자들은 자신의 부모님의 본인부담금을 센터통장으로 입금하게 된다. 그런데 종종 본인부담금을 몇 개월씩 밀리고 입금하지 않는 사람들이 있다.

우리는 처음 대상자분, 보호자들과 계약을 하게 되면 욕구사정이라는 것을 한다. 그 욕구사정 안에는 대상자를 잘 케어하기 위해 필요한 기본적인 정보를 기록하는데, 경제적인 곤란 정도의 기록도 함께 해 둔다.

이는 대상자에게 어려운 일이 생길 경우를 대비하여 센터나 지역사회의 도움과 연계를 위해 필요한 기록이다. 그래서 대상자들의 경제 정도를 알고 있기 때문에 정말로 어려운 분들이 본인부담금을 밀리게 되면 함께 고민하게 되고 가족들과의 상담도 진행하게 된다.

노인들 대부분은 충분한 노후자금을 준비하지 못하고 노후를 맞이한 경우가 상당히 많다. 그러니 한정된 돈으로 본인부담금을 내려니 약 몇 만 원의 돈도 부담이 되는 경우가 많았다. 이런 경우에 우리는 자녀분들과의 상담을 진행한다. 그래서 부모님의 본인부담금을 내줄 만한 자녀분을 설득하여 그들이 부담하도록 하였다.

대부분의 자녀분들은 부모님의 본인부담금을 정말로 성실하게 입금한다. 그리고 항상 고맙다는 말과 함께 입금했다는 문자를 보내온다.

그런데 소수의 사람들은 그렇지 않다. 3~4개월 입금을 시키지 않아서 전화를 하면 입금했다고 우기거나, 본인들이 입금하지 않았으면서 화를 내고 소리를 지르기도 한다. 참, 힘이 빠지고 어이가 없는 일이다. 그리고 어떤 사람은 자신의 언니가 낸다고 했으니 언니한테 전화해 보라며 전화를 끊기도 한다. 그래서 언니한테 전화를 하면 동생한테 전화하라고 한다. 참으로 양심이라고는 털끝도 없는 사람들이다.

자신들이 모시지 못하여 요양보호사님의 도움을 얻어 센터에 등록한 사람들이 어쩌면 그렇게 양심도 없는지…. 계약을 진행한 사람이 본인부담금도 내는 게 맞는 일 아닌가? 형제간 어머니에 대한 어떤 역할들이 나뉘어 있는지 모르지만, 본인의 언니가 내지 않았으면 자신이 내고 그 돈을 언니에게 받든지 하는 것은 본인들의 문제인 것이다.

만일 내가 그런 사정이었으면 어쨌든 센터 부담금은 내가 바로 입금했을 것이다. 내 어머니의 이름이 돈 문제로 타인의 입에 오르내리는 것은 정말로 너무 창피하고 모욕적인 일이 아닌가! 나는 그렇게 생각한다.

어떻게 보면 내가 그들에게 너무 많은 기대를 하는 것일지도 모른다. 처음부터 이성적이고 양심이 있는 사람들이었다면 아마도 이런 행동은 하지 않았을 텐데 말이다. 경제 사정이 어려운 사람들도 아니어서 더 화가 난 사례였다.

편법을 사용하다
진짜 기초수급자가 된 대상자

2년 전쯤, 우리 센터에 이런 대상자가 있었다. 임대아파트에 살던 결혼도 안 한 미혼에 전직 교사였던 대상자인데, 디스크 수술 후 예후가 좋지 않아 하반신이 마비된 여자분이었다. 게다가 욕창이 심하고 소변줄까지 하고 있어 혼자서는 정말 아무것도 할 수 없는 상태였다.

이분은 주간보호센터에서 낮 동안 돌봄을 받고 오후가 되면 혼자서 지내는 대상자였는데, 오전에 주간보호센터에 가기 전 본인 스스로 등원 준비를 하지 못해서 그 1시간 동안 방문요양센터의 도움을 받기 위해서 우리와 계약을 한 것이었다.

솔직히 요양보호사님들의 입장에서 보면, 그 1시간을 일하기 위해서 교통비까지 들일 분이 몇이나 있을까? 누구나 긴 시간을 일하고 싶은 게 당연할 테고 1시간을 하고 싶은 선생님들은 거의 없을 것으로 생각된다. 그것은 선생님들 자신의 권리이고 우리는 그것을 강요할 수 없다. 하지만 우리 센터에는 정말로 좋은 선생님들이 많은지 흔쾌히 해 주시겠다는 분이 계셨다.

그런데 이런 고마운 분에게 이 대상자가 하는 행동과 태도는 정말로 참을 수 없을 정도였다. 하녀에게 말하듯 명령하고 닦달하고 마음에 안 들면 소리 지르고 60대 후반이나 되신 분께 어린애 다루듯 하였다. 주방에서 설거지를 하고 계시면 옷을 가져오라고 소리치고, 옷을 고르고 있으면 왜 이리 늦냐고 소리 지르고, 바닥을 닦고 있으면 앉아서 손걸레로 닦으라 하고….

요양 일을 하시는 선생님들은 대부분 연세가 있으신데 그런 분들에게 손걸레로 닦으라고 하는 것은 원칙에 어긋나는 일이다. 가사활동만 하시는 도우미분들과의 차이를 두기 위해서이며, 제도의 취지와도 맞지 않기 때문이다. 청소는 손잡이용 막대걸레로 하는 것이 원칙이다. 대부분이 고령인 요양보호사님들이 대상자 집을 일일이 손걸레로 닦다 관절에 무리가 생겨 일을 할 수 없게 되면, 그 인력 손실로 인해 다른 대상자에게 피해가 가기 때문이다. 이 글을 읽으시는 분들은 이 점에 대해 알아 두었으면 좋겠다.

겉으로는 교양 있는 듯 자신을 포장하였지만, 화가 나면 자신을 통제할 줄도 모르고 마음대로 말을 내뱉는 사람이었다. 히스테리가 얼마나 심한지 선생님이 하는 것은 뭐든지 마음에 안 들어서 불평불만이 끊일 줄을 몰랐다. 그분의 그 불만들을 듣는 것조차도 화가 치밀어 올랐지만, 연세가 있는 대상자에게 차마 맞대응할 수 없어 마음으로 삭이고 중재해 드리겠다는 답변만 드렸다.

어떻게 1시간을 부탁하면서 집 안의 모든 일들을 시키려고 하는지, 나는 선생님께 미안하다는 말밖에 할 수가 없었다. 그럼에도 선생님은 1시간 요양 시간이 끝나서 태그를 찍고도 돈을 받지 않고 한 시간을 더 대상자의 집안일들을 해 주셨다. 얼마나 훌륭한 선생님인지 노인에 대한 애정이 없다면 불가능했을 일이었다.

이렇게 좋은 선생님이 왜 이런 취급을 받고 마음의 상처를 받아야 하는지 너무 속상하고 화가 났다. 본인이 속해 있는 센터에 도움을 주기 위해서, 열악하고 안쓰러운 대상자를 위해서 1시간의 일도 마다하지 않고 일해 주셨던 선생님이 왜 이런 상황에 놓이게 되었는지 나는 정말로 너무 미안한 생각밖에 들지 않았다.

그전에 이미 세 분이나 바뀐 상태였고 이 선생님께서 대상자의 말에 마음의 상처를 받고 그만둔다고 했을 때, 나는 대상자에게 더 이상 보낼 분이 없으니 다른 센터를 알아보라고 하였다. 그 연세에 그 정도의 지성인이면 자신의 지성을 행동으로 보여야 하는 것이 진정한 지성인이 아닐까!

인격은 나이 · 성별 · 국가 · 학력 · 학벌과는 전혀 상관이 없다. 진실된 마음과 상대방에게 감사하고 존중하는 태도가 바로 인격이라고 나는 생각한다. 머리에 지식만 있을 뿐 그것을 실천하지 못하는 사람들은 아무리 우아한 척, 고상한 척해 봐야 어느 순간에는 자신의 진짜 인격이 나오기 마련이다.

우리 센터에서 요양받기 전에 임대아파트에서 살고 싶고 기초수급자가 되기 위해서 가족도 아닌 사람에게 자신의 전 재산을 옮겨 놓는 편법을 사용했다는 사람이었다. 그런데 그 사람이 자신을 배신하고 그 돈을 갖고 도망을 갔고, 연락 두절까지 되었다는 것이다. 결국 이 대상자는 진짜로 기초수급자가 된 것이다.

결국 그 조금의 욕심 때문에 전 재산을 잃고 자신이 그토록 원했던 임대아파트에서 살게 되었다. 이런 사람 때문에 절실하게 필요한 장애인이나 노인 한 분이 이 임대아파트에 들어가지 못하게 된 것이다.

교사라는 직업이 다른 직군과는 달라 더욱 도덕성과 윤리성이 중요한 직업인데, 정말로 지금 생각해도 실망스러운 대상자였다. 사람은 행한 대로 받는다. 이런 사람이 그 어떤 분께 인격적인 대접을 받을 수 있을까?

자식을 진실로 사랑하는 방법은 어떤 걸까?

우리 센터에 50대 초반의 대상자가 있다. 청년 시절에 뇌경색이 발병해서 반신마비에 하반신 마비까지 와서 서지도 걷지도 못한다. 임대아파트에서 혼자 살고 있는데, 하루 종일 혼자 생활하므로 타인과의 소통도 거의 없는 환자였다.

그렇게 혼자서 살고 있으니 삶의 목표도 의지도 즐거움도 없이 살고 있어, 하루의 대부분의 시간을 스마트폰 게임과 담배 피우는 일로 보내고 있다. 본인의 몸 상태가 그러니 자신감도 없어져 스스로 사람과의 소통도 거부하고 있고, 재활치료로 병원 가는 일 빼고는 외출도 하지 않는다.

신체의 기능을 회복하기 위해서 지역의료원에서 재활치료를 받고 있는데, 대상자의 지나친 흡연이 회복을 방해하고 있었다. 금연을 해야 회복된다는 물리치료사의 조언에도 대상자의 흡연은 계속되고 있었다.

또한 식이조절도 문제였다. 요양보호사님께서 차려 주시는 밥과 반찬이 있는 정상적인 식사는 싫어하고, 라면과 빵 등의 인스턴트 음식만을 고집했다. 심한 식탐으로 과잉 탄수화물 섭

취와 그로 인한 대변도 문제가 되었다.

하반신을 잘 사용하지는 못하지만 그래도 양손과 팔은 사용 가능하여 화장실에 가서 대소변을 충분히 볼 수 있는데도 대상자는 그러지 않았다. 작은 플라스틱 통에다 대변을 보고 그 변을 베란다에 놓고 있는데, 그럴 정도면 화장실에 가서 처리하는 것이 가능하다는 말인데 왜 그런 행동을 하는지 의문이었다.

처음 계약을 하고 나는 대상자의 자존심을 지켜 주기 위해서 직접적으로 이런 문제점들을 제기할 수 없었다. 왜냐하면 한 달에 한 번 만나는 사회복지사가 초기에 그런 조언들을 할 경우, 심한 거부감을 가질 수 있기 때문이다. 그 플라스틱 통에 담긴 대변을 일일이 처리하는 요양보호사님의 고충도 이루 말할 수가 없었다.

그 후에도 대상자는 50대임에도 불구하고 자기만의 생각과 고집에 갇혀서 요양보호사님의 조언은 전혀 듣지 않았다. 몇 달을 그렇게 조언을 하면서 우리는 변하길 바랐지만, 사람이 변화한다는 것은 정말 어려운 일인 것 같다.

아들의 이런 문제점들(흡연, 스마트폰 중독, 과다한 인스턴트 음식 섭취, 대소변 문제, 독립적인 생활을 위해서 재활훈련을 열심히 해야 할 것 등)을 어머니께 말씀드렸지만, 돌아오는 것은 그냥 내버려 두라는 말뿐이었다. 장애인이 되어 불쌍한 아들이니 그냥 그렇게 자기 마음대로 살게 내버려 두라는 것이었다.

아직 50대이고 앞으로 살아갈 날이 많을 텐데…. 그저 불쌍하다는 이유로 아들이 앞으로의 남은 인생을 저렇게 살아가도록 그냥 내버려 두는 것이 과연 진정한 부모의 사랑일까?

물론 나름대로 그분의 사정이 있을지 모른다. 하지만 자신이 죽고 난 후 아들은 정말 혼자서 이 세상을 살아가야 하는데, 세상에서 혼자 남겨질 아들을 진정으로 생각한다면 그러지 말아야 한다. 혼자서 살아갈 방법을 찾도록 해야 하고 혼자서 살아갈 수 있는 능력을 키워 주어야 한다.

자신의 집에서 장애인인 미혼의 남자가 최소한 혼자서 살아갈 수 있는 방법, 그러니까 자신의 몸을 빨리 회복시키고 더 이상 나빠지지 않도록 훈련하는 일, 밥과 반찬을 찾아서 규칙적으로 먹는 일, 대소변 처리를 스스로 할 수 있는 방법, 세상과의 소통 방법, 타인과 소통하는 법 등 말이다.

90대인 노인임에도 자식에게 기대지 않으려 아픈 몸을 이끌고 열심히 운동하는 분들도 계신다. 그럼에도 50대 남성이 90대 노인분보다 못하다는 것은 스스로 반성할 필요가 있다. 스스로 노력하지 않으면 아무도 도와줄 수 없다.

아프다가도 왜 남이 오면 멀쩡해질까?

"왜 우리 엄마는 하루 종일 정신을 차리지 못하다가 공단에서 오면 그날은 모르는 것도 다 대답을 하고 멀쩡해지는지 이해가 안 돼요."

"하루 종일 끙끙 앓다가 공단에서 오면 벌떡 앉아서 할 말 다 하는데, 또 그분이 가면 다시 누워 꼼짝도 못해요."

"손도 올리지 못하는 시어머니께서 등급 판정단이 오던 날은 팔도 번쩍 다리도 번쩍 올리고 심지어 걸어 다니시기까지 해요."

보호자들을 만나서 대화해 보면 이런 말들을 하신다. 심지어 내가 모니터링을 갈 때도 이런 경우들이 있었다. 24시간 누워서 일어나지 못하다가도 집에 가족이 아닌 낯선 사람이 왔다고 하니 일어나 정상인처럼 앉아서 말씀을 하시는데, 정말 이 단시간만을 보면 치매 중증 환자라고 누가 말할 수 있을까!

치매는 이렇다. 하루 종일 치매의 증상이 계속 나타나는 것이 아니다. 시시각각 행동이 다르고, 또 정서와 환경에 영향을 많이 받는데 누구에게 무시를 받았다거나 욕구 해결이 안 되어 불안해지면 치매의 증상이 더 심해지기도 한다. 그래서 치매 환자에게는 항상 일관성 있는 태도와 언어, 그리고 무엇보다도 치매 환자의 말이 사실이 아니더라도 존중해 주어야 한다.

중기이후에는 환시와 망상이 나타나는데, 방 안에 아이가 있다고 하거나 죽은 남편이 있다고 하고 낯선 사람이 밤에 자고 갔다고 하는 등 우리가 볼 때는 정말 말도 안 되는 이야기처럼 생각될 수 있다. 하지만 어르신 입장에서는 그게 실제로 보이니, 말도 안 되는 말이라고 무시한다면 그분의 자존심은 무너지는 것이다.

그래서 낯선 사람이 자꾸 온다고 하면, 왜 남의 집에 오냐고 혼을 내겠다고 편을 들어주어야 한다. 또 천장에 쥐나 거미가 보인다고 하면 빗자루로 쫓아서 도망갔다고 하면 된다.

어쨌든 이렇게 어르신들이 평소와 같이 아픈 모습을 그대로 보여 주면 되는데, 공단에서 오면 정상인처럼 행동하여 제대로 된 등급판정이 안 될까 속상하다는 보호자님들이 많았다.

그래서 보호자들의 의견이 중요하다. 단 몇 분만으로 볼 수 없는 실제의 생활 패턴과 상태를 공단직원에게 어필해야 한다. 또한 이러한 증상들을 병원 주치의에게 말씀드리고 항상 상담해야 한다. 그래야 정확한 등급판정이 될 수 있다. 이 모든 노력은 그 누구도 아닌 가족들이 해야 한다.

내가 경험했던 어르신들은 낯선 타인에게 절대로 자신의 아픈 모습과 치부를 보여 주고 싶지 않은 것 같았다. 무의식적으로도 자신의 치부를 보여 주고 싶지 않은지, 치매 중증 이상이 되었어도 그날만큼은 자신의 이름, 생년월일, 수계산 등을 척척 해낸다. 자신을 케어하는 며느리도 아줌마로 알고 있는 분이 이날만큼은 정말 정상인처럼 또렷해진다. 대체 이것을 무엇으로 설명할 수 있을까? 마치 시험을 보는 사람처럼 집중하고 긴장한다.

나의 사돈어른(언니의 시어머니)도 90세 이상의 고령의 질병으로 장기요양등급을 받기 위해서 신청하였는데, 24시간 누워서 팔도 움직이지 못하다가 공단직원이 오니 벌떡 일어나 그렇게 많은 이야기를 하셨단다. 그러고 나서 일주일 만에 돌아가셨는데, 참으로 웃지도 못할 일이었다.

낯선 이에게 자신의 질병과 노쇠한 신체와 정신을 보여 주기 싫은 마지막 남아 있는 자존심이라고 설명해야 하나. 나의 생각이지만, 내가 많은 노인분들을 만나고 겪으면서 느낀 것은 이것이었다.

자녀 케어로
생각해 본 효도의 의미

방문요양센터에서 일을 하면서 가족요양을 하시는 분들을 많이 만나 보았다. 가족요양을 하시는 분들 중에서 가장 많은 형태는 따님 혹은 며느님이 부모님을 케어하거나 시부모님을 케어하는 것이 가장 많았고, 그다음으로 배우자가 배우자를 케어하는 것이 대부분이었다. 그 외 아드님이 부모님을 케어하는 것, 여동생이 언니를, 부모님이 자녀를 케어하는 경우도 극히 드물지만 있었다.

가족요양 중에서도 가장 특이한 경우가 있는데, 그것은 어머님이 아드님을 케어하는 사례였고 지금도 우리 센터에서 가족요양으로 케어를 하고 있다. 자녀들이 부모님들을 가족요양으로 케어하는 것은 많이 보았어도 부모가 자녀를 케어하는 사례는 처음 경험한 일이었다.

44세의 1등급인 아드님을 어머니께서 케어하는 사례였다. 40대의 젊은 분이 왜 요양을 받는지 궁금할 것이다. 아드님은 고등학교 시절에 오토바이를 타고 가다가 차와 충돌해서 머리를 크게 다친 후, 대학병원에서 여러 차례 뇌수술을 받았다. 그 후

인지력이 어린아이와 같이 되어 장애등급을 받은 후, 오랜 세월 동안 장애인 바우처로 장애인활동지원사의 도움으로 케어를 받고 있었다.

아드님의 사고 이후부터 오랜 치료로 인한 병원비, 간병비용 등 많은 지출로 인해 이 가정은 경제적으로 기울고 있었다. 사정이 이러하니 어머니는 요양보호사자격증을 취득하여 아드님이 장애인 바우처로 돌봄을 받고 있는 시간을 이용해서 일을 하려고 하셨던 것이다.

그래서 우리 센터의 직원으로 등록하여 일을 하던 중, 센터장님과 상담을 하였고 아드님이 혈관성치매를 앓고 있고 정기적으로 치매약을 복용 중이라는 것을 알 수 있었다. 그동안 정보가 부족했던 어머니는 65세 미만이어도 노인성질환을 갖고 있으면 장기요양등급을 받을 수 있다는 사실을 잘 몰랐던 것이다.

지역공단에 가서 직접 물어보았는데도, 65세 미만은 요양등급을 받을 수 없다는 공단직원의 말만 듣고 그동안 바우처케어만 받고 있었다고 하였다. '어머니인 자신이 제일 잘 케어할 수 있는데, 왜 가족요양이 안 될까?'라고 그동안 의문을 갖고 있었지만 정보가 부족했던 탓에 가족요양의 혜택을 전혀 받지 못하고 있었다.

다시 공단에 등급신청을 하고 지역의료원의 의사소견서를 제

출하고 나서야 1등급을 받을 수 있었고, 장애인 바우처와 가족 케어는 함께 사용할 수 없으므로 바우처는 중단되고 가족요양으로 우리 센터에 등록하여 지금도 일을 하고 계신다. 가족요양으로 많은 돈은 아니지만 약 80여만 원의 급여를 받을 수 있었고, 자신의 아들을 타인에게 맡기지 않고 자신이 돌보고 있는 것에 만족하고 계신다.

정확한 정보가 아닌 사실을 잘못 알려 주어 타인에게 피해를 준 공단 직원이 누군지 알 수 없지만, 공적인 업무를 맡고 있는 사람으로 너무 책임감이 없는 행동이라고 생각되었다. 장기요양보험 업무를 보는 사람은 최소한 기본적인 법을 알고 있어야 하고, 만일 자신이 정확히 알지 못하면 자신보다 더 잘 아는 상급 직원에게 상담을 권유했어야 했다.

어쨌든 나는 이 사례를 보면서, 병든 자녀를 케어하는 부모가 얼마나 힘든 것인지, 그리고 그 마음이 얼마나 비통할지를 마음으로 느낄 수 있었다. 그럼에도 아드님이 살아서 옆에 있어 주는 것이 너무 감사하고 행복하다고 말씀하시는 어머니를 보고 '이것이 바로 부모의 마음이구나!' 느낄 수 있었다.

혹시 나의 글을 우연하게 읽게 될 젊은 분들이 계시다면 부탁드리고 싶다. 효도란 무엇인가! 나의 몸이 온전한 것, 건강한 것, 그래서 부모님이 걱정을 하지 않게 하는 것이다. 거창한 돈과 선물을 드리는 것보다는 항상 나의 건강관리를 열심히 해서 부모님보다 내가 먼저 병들거나 죽지 않는 것이다.

내가 건강한 신체와 정신을 갖도록 열심히 노력하자. 그래서 부모님의 임종을 내 손으로 지킬 수 있는 것, 이것이 부모님이 바라는 효도일 것이다. 반대가 되면 그것처럼 불행한 일은 없다.

치매 진단을 정확히 받기 위해서는

치매의 증상은 초기 · 중기 · 말기로 나뉘고 그 시기마다 증상이 다른데, 특히 초기에는 단기 기억력이 현저하게 떨어지는 특징을 볼 수 있다. 기억력 감퇴는 노화의 하나로 나타날 수 있는 증상이기 때문에, 대부분의 가족들은 그냥 가볍게 넘기기도 하고 치매라는 질병을 터부시하는 우리나라의 특성상 인정하고 싶지 않아 한다.

내가 경험했던 알츠하이머성 치매 환자의 대부분은 초기에는 최근 기억력에 문제를 보이면서 금방 대화한 내용을 잊고 같은 질문을 반복하기도 하며 자신의 치부를 감추기 위해 아는 척하고 화를 내면서 대화를 중단하는 행동을 보였다. 또한 도구적 일상생활(전화, 핸드폰 사용법, 전기밥솥 사용법, 리모컨 사용법, 청소기 사용법등)에 문제가 생겨 집안일하는 것을 힘들어하는 경우도 있었다. 또한 화를 내거나 갑자기 내성적인 성격이 되기도 하는 등 성격과 정서에도 변화가 보이곤 했다.

중기로 가면 환시와 망상이 나타나고 심해져서 천장에 거미와 쥐가 돌아다닌다고 하거나 사망한 남편이 옆에 있고 텔레비

전에 나오는 사람들을 실제 손님이라고 하여 음료수를 따라서 주는 등의 행동을 보였다. 그러다 말기가 되면 식사하는 법, 즉 씹는 것을 잊어버려 위루관 시술을 해서 식사를 제공해야 한다.

치매는 초기에 바로 진단하여 말기까지 갈 수 있는 질병 악화를 최대한 막는 것이 중요한데, 문제는 초기에 발견하기가 매우 어렵다는 것이다. 치매에 대한 이해도와 지식이 있고 그 환자들을 많이 경험한 전문가들은 그분들의 행동과 말투와 생활의 사이클을 보면 알 수 있지만 평범한 분들은 어렵다는 것이다.

왜냐하면 위에서도 언급했다시피, 치매 초기에 나타나는 단기 기억력 장애와 건망증을 구분하기 힘들고, 성격의 변화를 노화의 한 부분이라고 생각하기 때문이다. 또한 치매 지식이 없는 가족들은 종종 이런 말을 한다. "우리 엄마가 옛날 일을 얼마나 잘 기억하고 말하는데 왜 치매냐!"고.

과거 기억은 잘하지만 최근 기억력이 떨어지는 것이 치매의 가장 큰 특징이며, 피아노나 컴퓨터의 타이핑처럼 생각하지 않아도 손이 그것을 느껴서 이루어지는 일처럼 노인들이 과거부터 쭉 해 왔던 바느질과 같은 일을 어려움 없이 해내는 것도 바로 치매의 특징이었다.

어느 날 어머니가 단어를 떠올리기 힘들어하고, 밖을 나가서 갑자기 집을 못 찾아오거나, 가스 불을 켜 놓고 냄비를 태우는 등의 행동도 치매를 의심해 보아야 한다. 특히 여자분들은 자신의 살림을 남이 만지거나 간섭하는 것을 극도로 싫어하고 물건을 훔쳐갔다고 의심하는 증상을 거의 다 보이고 있었다. 아버님들은 점잖던 분이 갑자기 성적 표현을 한다거나 폭력성을 보인다거나 우울해하는 증상을 보였다.

이러한 증상들을 가장 잘 아는 분들은 배우자 또는 함께 살고 있는 자녀들일 것이다. 때로는 자신의 부모님에 대한 치매 증상을 인정하고 싶지 않아 하는 분들도 있지만, 함께 살고 있는 가족들은 잘 알고 느낄 수 있다.

만약 부모님들 중에 위와 같은 증상들이 보여 병원을 내원할 경우에는 이러한 증상들을 낱낱이 주치의에게 알려 주어야만 정확한 진단이 될 수 있다. 주치의는 내원한 그 당시의 상태와 대화들만 알 수 있다는 한계가 있으므로, 가족들은 의사가 알 수 없고 관찰하지 못하는 생활의 사이클에 대한 정보를 주어야만 치매의 정확한 진단이 가능하다.

예를 들면 야간에 밖으로 배회를 한다거나 욕을 하지 않던 분이 가족들에게 욕설을 한다거나 물건을 감추고 의심하는 증상, 화장실을 못 찾는 일, 환시로 쥐나 거미가 보이고 밤에 낯선 사람이 방 안으로 왔다고 하는 등의 사실은 병원 내원 당시에는 전혀 알 수 없는 증상들이기 때문이다. 이런 사실들을 평소에 잘 기록해 두었다가 주치의께 말씀드리면 그 증상에 따라 진단하고 정확한 약을 처방할 수 있다.

치매의 중핵증상(치매의 진행에 따라 나타나는 공통된 증상. 기억력장애, 지남력장애, 판단력장애 등)과 주변증상(개인적 독특함으로 인해 개별적으로 나타나는 증상. 도둑망상, 우울감, 폭력성 등)과 같은 증상을 잘 관찰하여 정확하게 전달해야 어르신께 알맞은 약이 처방될 수 있는데, 만약 제대로 된 정보가 아닌 경우에는 맞지 않는 약을 처방받게 되어 약의 효과를 볼 수 없거나 과잉복용이 될 수 있다. 이 같은 일이 발생하지 않으려면 케어자의 정확한 관찰과 기록이 중요함을 잊지 않았으면 좋겠다.

다른 사례로 치매 환자의 장기요양보험등급을 받기 위해서 등급신청을 하였는데, 공단에서 방문한 판정전문가는 그 당시 묻고 답하는 환자만을 볼 수 있어 실상과는 맞지 않는 등급을 판정받는 사례도 있었다.

혼자서는 식사도 옷 준비도 하지 못하는 분이었는데, 가족들의 무관심으로 혼자 계실 때 공단에서 와서 이분의 단편적인 면만을 보고 간 후 주간보호센터 주 3회 갈 수 있는 인지지원등급을 받게 되었다. 독거노인으로 혼자서는 외출 준비도 어려운 분이었는데 말이다. 보호자도 따로 사는 데다 직장 생활로 어머니의 등원 준비도 도와드리지 못하고 어머니 스스로 세수도, 양치도, 옷 입는 등의 일상생활능력도 어려웠다.

그런 어머니에게 주간보호센터를 가라는 것은 너무나 어처구니없는 판정이었다. 이분의 라이프 사이클의 특징과 생활 패턴에 대해 보호자가 공단에 잘 설명해 주었다면 이런 결과는 없었을 것이다. 따라서 그 외의 보이지 않는 치매의 증상들을 가족들이 직접 말해야만 가족들의 어려움을 이해하고 공정한 등급 판정이 될 수 있다.

우리의 부모님은 아무도 책임져 주지 않는다. 자녀분들이 나의 부모님에 대한 일들에 관심을 갖고 노력해야만 불의에 걸릴 수 있는 질병을 더 악화되지 않도록 예방할 수 있고 보호해 줄 수 있음을 명심해야 한다.

치매 환자의 운전, 어떻게 생각해야 하나?

1년 전, 70대 남자 어르신이 계셨다. 이분은 알츠하이머성 치매 환자로 4등급 환자였다. 밤에는 거의 주무시지 않고 오전에 주로 주무시는 분이었는데, 생활의 사이클이 이렇다 보니 함께 살고 있는 배우자와의 마찰도 심했다.

배우자인 부인은 치매의 이해도가 낮아서 남편이 이러한 증상을 보이는 것에 대해서 게으르고 고집이 세서 그렇다고 믿고 있었다. 아버님은 야간에 책 읽는 것을 좋아하고 그래서 신문과 책을 읽다 보니 시간이 그렇게 지난 것을 인지하지 못해 오전에 잠이 와서 잠을 자는 생활이 반복되고 있었다.

부인은 자신의 남편의 일거수일투족을 당신 마음대로 해야 만족하고 자신의 재력을 앞세우며 집안 전체를 좌지우지하는 분이었다. 그러니 남편의 요양서비스 내용도 자신의 주장을 일방적으로 앞세우며 해 주길 바라고 있었다.

방문요양센터에서 우리는 대상자 본인이 원하는 욕구를 가장 먼저 파악하여 요양서비스를 제공해 드리는 것이 원칙이지만, 때로는 보호자의 일방적인 요청을 충족시켜 드려야 하는 경우가 많다. 대상자분들은 모두 정신적 · 신체적으로 아픈 분들이어서 보호자들에 의해 요양서비스 내용이 좌우되고 있는 경우가 많기 때문이다.

이 아버님은 요양보호사님과의 대화를 우선순위로 요청하였지만, 부인은 남편의 요청은 무시한 채 집안 청소와 운동을 원하였다. 아버님은 7월의 더운 여름에 일주일 중 5일의 운동이 힘들다고 호소하였지만, 아침에 잠만 자는 남편이 마음에 안 들었던 부인은 이 같은 무리한 운동을 계속해서 요구하였다.

나는 이 같은 위험한 상황을 두고 볼 수 없어 배우자와 긴 시간 상의 끝에 운동을 주 3회로 줄일 수 있었다. 자기주장이 무척 강한 분이라 이 같은 조율도 무척 힘들었다.

이렇게 집안 내에서 가장 영향력이 있는 보호자의 요청과 의견은 대상자 본인의 의견보다도 더 우선순위가 되는 경우가 많다. 사정이 이렇다 보니 센터에서도 이 같은 보호자들의 요구를 조율할 수는 있지만 거부할 수는 없다. 만약 그렇게 되면 바로 다른 센터를 알아보는 경우가 많으니 센터도 대상자와 그 보호자들에게는 을이 될 수밖에 없다.

그런데 대상자에게는 또 다른 문제점이 있었다. 70대 치매 환자로 기억력과 상황 판단력이 상당히 악화되었음에도 자차운전을 한다는 점이었다. 운전이라는 것은 운전 핸들 조작, 신호 인지뿐 아니라 옆 · 앞 · 뒤에서 오는 차량을 파악해야 하고 또 갑작스럽게 뛰어드는 사람들까지 인지해야 하는 종합적인 공간 활동이어서 순간적인 상황 판단력이 최우선이므로, 기억력 · 지남력 · 실행능력 · 판단력이 현저하게 떨어지는 고령의 치매 환자에게는 매우 위험한 활동이라고 할 수 있다.

그런데도 대상자가 운전하는 차량에 부인과 손녀가 동행하는 것을 보고 나는 이러한 위험성에 대해 지속적으로 말씀드렸다. 어떤 생각으로 치매 환자가 운전하는 차에 동행하고 그것을 말리지 않았는지 그 나름대로의 사정이 있겠지만, 몸도 휘청거리고 정신적으로도 안정적이지 않았던 아버님께 운전을 지속적으로 하게 두었던 가족들도 반성을 해야 한다.

고령의 치매 환자에게 운전을 계속해서 허용하는 것이 옳은 건지, 치매라는 질병을 가진 노인에게 그 질병을 근거로 운전을 제한해야 하는 것이 옳은 건지…. 만약 허용하면 대형사고의 가능성을 우리는 늘 감당해야 할지도 모른다. 또 허용하지 않는다면 개인의 인권 침해라는 딜레마를 겪을 수 있을 것이다.

하지만 내가 직접 현장에서 보고 느낀 것은 개인의 인권보다는 생명이 우선이라는 점이다. 그 어떤 자유와 권리도 사람의 생명보다 우선시되는 일은 없어야 한다고 생각한다. 고령의 치매 환자가 운전 중 사고를 유발해서 누군가가 목숨을 잃거나 사고를 당해 장애를 입고 또 그로 인해 고통을 받는 가족들이 있다면 그들의 인권은 누가 책임질 것인가?

우리는 이 문제에 대해 정말로 많은 고민을 해 보아야 한다. 우리나라가 고령사회인 이 시점부터 앞으로는 치매 환자도 폭발적으로 늘어나게 될 것이다. 치매 환자의 인권과 존중도 중요하지만 그분들로 인해 사회적으로 어떤 피해가 예상된다면 그에 대한 문제도 간과해서는 안 된다. 치매 환자의 인권을 제한한다는 개념이 아니라 그 질병의 증상이 특정 활동에는 알맞지 않고 그로 인해 타인의 생명과 인권에 침해를 줄 수 있다는 객관적인 정당성으로 이해해야 할 것이다.

또 운전을 갱신하는 과정이 너무 피상적이고 간단한 점도 우리나라의 문제점이라고 생각한다. 나는 운전면허증 발급과 그 갱신 과정에서 이런 사고에 위험성을 줄 수 있는 여러 가지 문제점들을 면밀하게 파악하고 대응하는 정책이 꼭 필요하다고 생각한다. 이런 정책들이야말로 고령의 치매 환자와 우리 사회의 모든 구성원들이 모두 안전하고 행복하게 살 수 있는 방법이지 않을까?

간병의 짐을 혼자서 지려고 하지 말길

아픈 가족과 함께 살고 있는 분들 대부분은 긴 간병에 지쳐 있는 경우가 많다. 특히 와상상태이거나 치매 환자를 돌보는 배우자나 자녀들은 긴 간병을 하면서 건강 상태가 악화되는데, 심지어 자신의 몸이 환자보다 더 나빠지는 경우도 있다.

그러면 간병을 가족들이 번갈아 가면서 하면 되지 않겠냐고 반문하는 분들이 있겠지만, 내가 봐 왔던 경험 중에서는 반드시 가족 중 누구 한 명이 그 책임을 짊어지게 되는 것 같다. 환자가 가장 의지하고 싶은 분이 그중 한 분이 되거나 아니면 누구 하나 간병을 하려고 하지 않아 본인이 그 짐을 짊어지는 경우였다. 이렇기 때문에 환자에 대한 책임감과 애틋함으로 자신의 몸이 만신창이가 될 때까지 그 일을 멈출 수가 없다. 내가 아니면 내 부모님을 내 배우자를 대신 돌봐 줄 사람이 없다는 것을 누구보다도 잘 알기에 내 몸을 돌볼 여유조차 없었던 것이다. 특히 부부일 경우, 내 아픈 아내를 혹은 남편을 두고 먼저 죽을 수가 없기 때문에 이런 분의 최대 소망은 아픈 내 배우자가 나보다 먼저 죽는 것이었다.

내가 알던 아버님은 전립선암을 앓고 계셨는데 방사선과 항암치료로 몸이 바스라질 정도로 쇠약해져 자신의 몸을 먼저 생각해야 됨에도 항상 세상에 혼자 남겨질 치매 아내에 대한 걱정이 먼저였다. 아내에 대한 걱정으로 그 아픈 몸을 악착같이 버티며 지내시다가 어머님께서 먼저 사망하신 후 몇 개월 후에 어머니 곁으로 가셨다. 아버님께서는 그렇게 소망하셨던 소원을 이루시고 돌아가신 것이다.

우리는 이렇게 가족 내에서 간병의 짐을 혼자 짊어지고 있는 분들께(부모님, 며느리, 딸, 아들 등) 그 힘듦에 함께 공감해 주고 노고에 감사함을 표현해야 한다. 잔소리와 참견과 같은 말은 그분들의 마음에 상처를 주고 아픔을 남기게 만든다.

가끔 보고 나의 부모님을 혹은 내 배우자의 상태를 내가 더 잘 안다고 생각하지 말자. 내가 간혹 방문해서 보는 그 환자들의 모습은 일부분일 뿐이다. 그 뒤에는 수많은 고통과 인내로 간병을 해 주는 가족이 있다는 것을 알아야 한다. 며칠, 아니 단 하루만 함께 있어 보면 간병이라는 것이 얼마나 힘든 일인지 알게 된다. 지금 이 시간에도 가족의 간병으로 지쳐 계신 분들께 혼자서 모든 짐을 지려고 하지 말았으면 좋겠다. 그것이 무척 힘들겠지만, 다른 가족들의 지지가 없는 현실에서 혼자서 그 짐을 떠안고 견디기에는 너무나 고통스러운 일이다.

나의 부모님, 배우자를 내가 최선을 다해서 내 몸이 견디기 힘들 정도에 이를 때까지 보살폈다면, 그다음에는 나의 인생과 건강도 생각해 보았으면 한다. 아픈 나의 부모님, 배우자도 중요하지만 내가 있어야 그분들도 있음을 알았으면 좋겠다.

후회 없이 최선을 다했으면 시설에 보내는 방법도 생각해 보았으면 좋겠다. 어쩌면 그것이 아픈 그분들이 남겨진 가족에게 바라는 마지막 소망일 수도 있을 것이다. 자신 때문에 쇠약해지고 아파하는 배우자, 자녀들을 보면서 그분들의 마음도 편하지 않음을 나는 많은 사례에서 보아 왔다.

물론 어떤 결정을 하든 그것은 본인의 선택이겠지만, 환자로 인해 또 다른 환자가 생기는 것을 바라는 부모님이나 배우자는 이 세상에 없을 것이다. 내가 꼭 옆에 데리고 있어야 혹은 모셔야 그것이 사랑 또는 효도라고 생각하는 그 사회적 통념과 굴레에서 벗어나 새로운 방법을 모색해 보는 것도 좋을 것 같다.

치매 남편과 함께 살고 있는 어머니는 투석까지 하고 있는 환자였는데, 치매 증상과 폭력 행동까지 보였던 아버님을 돌보려니 거의 빈사상태까지 가기도 하는 것을 보았다. 그래서 요양원에 보냈다가 한 달을 넘기지 못하고 또다시 집으로 모시고 오는 것을 보았는데, 자신의 불쌍한 남편을 요양원에 보냈다는 죄책감 때문이었다. 그렇게 요양원 입소와 퇴소를 반복하면서 지내고 계신다.

또, 뇌경색으로 석션을 수시로 해야 하는 남편을 간병하는 어머니는 밤낮으로 잠을 못 자면서 간병하느라 허리까지 구부러지고 어지러움에 자주 쓰러져 본인이 환자가 되는 경우도 있었다. 그 작은 몸집으로 덩치 큰 남편의 기저귀를 갈고 소독하고 석션하고 위루관으로 식사를 드리니 무리가 가지 않을 수가 없었을 것이다.

그렇게 환자가 되어 가는 어머니를 두고 볼 수가 없어 요양보호사님과 함께 긴 설득 끝에 요양원 입소를 하게 되었다. 아버님께서는 다시는 어머님께 피해를 주고 싶지 않았는지 요양원에 입소 후 이틀도 되지 않아 돌아가셨고, 어머님은 현재 건강을 많이 회복하시고 노인일자리사업과 취미 활동, 종교 활동을 꾸준히 하시면서 잘 지내고 계신다.

또 다른 사례를 말씀드려 볼까 한다. 치매를 앓고 있는 친정어머니를 가족케어로 모시고 있는 선생님이 계셨다. 얼마나 치매가 심한지 주야간으로 잠을 주무시지 않고 야간에는 수시로 현관문을 열고 밖으로 나가 실종되는 일들이 빈번했다. 배회는 그 어떤 치매 증상보다 가족을 힘들게 한다. 밤에 잠을 자지 못한다는 것이 얼마나 힘들고 고통스러운지 나는 많은 가족들을 만나면서 알게 되었다.

이 선생님은 그렇게 몇 달을 지내고 나서 심각한 우울증까지 앓게 되었고, 심지어는 베란다에서 뛰어내려 죽고 싶다는 극단적인 생각까지 하게 되었다. 긴 상담 끝에 나는 선생님에게 정신의학과의 내원을 권유하였고, 그 후 지속적인 치료를 받으며 극한으로 치닫는 일을 막을 수 있었다. 그 후 어머니께서는 돌아가셨는데 그렇게 되기까지 많은 시간을 간병의 고통으로 힘들어하였다.

또, 큰며느님과 함께 살고 있었던 90대 어머니는 현명하지 못한 행동으로 독거로 혼자 살게 되었다. 함께 살면서 자신을 돌봐 주었던 며느리에 대한 고마움은커녕 그 불평과 불만만 가득한 말을 따님께 일일이 다 이야기하는 현명하지 못한 행동으로 자녀들 간의 불화를 일으켰던 것이다.

그 일이 있은 후 큰아들 내외의 집에서 나와 혼자서 살게 되었는데, 처음에는 형제들 모두 번갈아 가면서 자신들의 집에서 모시기로 했는데 어머니의 간병을 모두 큰아들과 며느리에게만 맡겨 놓고는 자신들은 일방적인 어머니의 말만을 듣고 끊임없는 잔소리와 참견만을 하여 그로 인한 불화로 어머니는 모두에게 버림받는 신세가 되었다.

그 책임을 누구에게 탓해야 할까? 자신의 간병에는 책임지지 않고 일방적인 잔소리와 참견만을 하는 따님만을 두둔하고 며느리를 배척해 버리는 것은 정말로 어리석은 일이다. 며느리에 대한 고마움을 자주 표현하고 그 노고를 다른 자녀들 앞에서도 인정해 주었더라면 현재와 같은 일은 없었을지도 모른다.

모든 것을 참고 인내해야 하는 부모란 자리는 참 어려운 일이다. 하지만 자녀들 간의 불화를 없애려면 자녀들 사이의 질서와 관계를 위해서 중립적이고 중재적인 중간 역할을 잘해야 한다. 자녀들에 대한 편향적인 처신은 자녀들에게서 신뢰를 얻을 수 없다. 지금 그 어머니는 7년 전 발병한 치매가 심해져서 자녀들이 요양원을 알아보고 있다고 한다.

시아버님을 사망하실 때까지 가족요양으로 돌보셨고 현재는 시어머님까지 돌보고 계시는 선생님이 계신다. 처음에는 한 영혼을 구하기 위해 종교적 신념으로 두 분을 돌보셨다고 하지만 타고난 인품과 인격이 없었다면 가능하지 않을 일이었다. 모든 사물과 사람을 인자함으로 바라보는 선생님의 인품에 나는 항상 감탄을 하지 않을 수 없다.

치매 증상으로 야간에 배회하시는 시어머니 때문에 제대로 된 잠도 이루지 못하고 그 간병의 짐을 혼자서 안고 계시면서도 당신의 책임과 본분이라고 말씀하시는 선생님이다. 그런 분께 부모님의 재산을 노리는 행동이라고 말하는 가족이 있다니, 정말 부끄러운 일이다.

부 록

방문요양센터 요양보호사님들이 들려주는 이야기

다년간 나와 함께하면서 노인케어에 대한 고민과 지식을 공유하였던 우리 센터의 베테랑 선생님들의 이야기를 들려주고 싶었던 것은 사회복지사와 요양보호사가 현장에서 느끼는 생각과 의견, 고충 등은 서로 다를 수 있기 때문이다.

행정적 관리자로서 사회복지사인 내가 바라보는 관점으로만 독자들에게 노인케어에 대한 문제점만을 들려주는 것은 어쩌면 지극히 편협하고 주관적일 수 있는 글이 될 수 있을 것이다. 내가 아무리 중립적인 자세로 글을 쓰려고 하더라도 가치관이 천차만별인 개인은 객관적이고 중립적이라고 보기엔 무리가 있기 때문이다. 사람의 글에는 늘 주관적인 생각과 가치관이 내제되어 있게 마련이다.

그러기에 나는 장기요양보험제도(2008년 제정)가 생기면서부터(장기요양보험제도가 생기기 전부터 노인돌봄인력 파견은 복지의 한 부분이었으므로 그전부터 노인돌봄인력으로 혹은 간병인으로 일을 하시던 분들이 요양보호사자격증을 취득한 사례가 많아 실제적인 노인돌봄 경력은 그 이전부터 시작되었다고 봐야 한다) 지금까지 노인돌봄에 몸담고 있는 요양보호사님들이 직접 현장에서 느끼는 생각과 바람 등에 대한 이야기를 꼭 들려주고 싶었다. 그래야 독자님들이 나의 글만으로는 부족할 수 있는 방문요양 현장에서의 현실을 객관적으로 마주할 수 있으리라 생각되었기 때문이다.

이를 위해 나와 선생님들은 현장에서 경험한 것, 보고 느낀 것을 가감 없이 그대로 전하려고 노력하였다. 아름다운 이야기는 그대로, 비상식적인 이야기도 그대로, 더 꾸밈도 더 덜함도 없이 전달하고 싶었다. 우리들의 현장의 민낯을 그대로 전달하는 것이 어찌 보면 창피하기도 하고 부끄럽기도 하지만, 그대로 전하지 않고 예쁘고 아름답게만 포장한다면 어두운 면이 가려질 수 있다.

글을 읽고 각자 느끼는 감정과 다짐들도 다르겠지만 그 몫은 독자님들의 몫이다. 어떤 곳에서도 동전의 양면처럼 빛이 있으면 어둠이 있기 마련이다. 우리는 때론 불편할 수 있는 어두운 면도 직면해야 한다. 좋은 점은 더 좋게 발전시키고 어두운 점도 개선해 나가고자 원한다면 그 어두운 부분인 불편한 진실은 드러나야 한다.

직접적으로 현장에서 겪고 있는 우리들의 의견과 생각들은 반드시 이 제도의 발전을 위해 반영되어야 한다. 현장에서의 문제점을 반영하지 않는 탁상론적인 제도로는 더 이상 발전할 수 없기 때문이다. 업무의 강도에 비해서 너무나 열악한 임금과 대우를 받는 선생님들은 그럼에도 대상자를 향한 애정과 사명감으로 그 열악한 환경을 이겨 내고 감당하고 있다.

오리가 강에서 유유히 헤엄치지만 그 아래에서는 무수히 발을 움직이며 물살을 헤치는 것과 같이 대한민국에서 장기요양보험제도가 이만큼 유지되고 있는 것은 이런 훌륭한 인격을 갖춘 선생님들의 무수한 인내와 노력 때문임을 독자님들이 알아주었으면 하는 것이 나의 바람이다.

[경력 15년 이상 요양보호사 A님]

내가 간병 쪽 일을 한 지도 어림잡아 15년은 된 것 같다. 그동안 많은 분들을 돌보면서 느낀 점은 요양일이나 간병일이나 대상자 눈높이에 맞추어 일을 해야 된다는 것이다.

각자 살아온 문화가 달라서 먼저 대화를 나누면서 친해지고 대상자가 원하는 것이 무엇인지 파악한 후 내 부모처럼 모시면 된다. 물론 요양일도 직업이지만 직업의 차원을 벗어나야 한다. 나도 언제 어떻게 될지 모른다. 내가 한 만큼 나도 받을 수 있다는 마음으로 최선을 다하는 것이다!

방문요양 일을 하루 한 타임만 했다. 내가 체력이 부족하면 요양서비스가 달라질까 봐서이다.

김○○씨 할아버지 일을 할 때이다. 폐암 환자로, 커다란 집에 자식들은 나가서 따로 살고 두 부부가 사셨다. 할아버지와 할머니가 나이 차이가 있고 아직 능력이 있으신 할머니는 일을 하러 나가셨다. 전문직 일이었다.

커다란 집에 할아버지와 나 둘이다. 먼저 청소부터 깨끗이 해 놓고 대화를 나누었다. 못 드시니까 드시고 싶은 것이 무엇인지 물어봐서 해 드렸다. 사레 걸릴까 봐 항상 조심해서 드시게 했다. 식사는 반 정도, 어떤 때는 삼분의 일 정도 드셨다.

담배를 피우셨다. 몸에 안 좋은데 왜 피우시느냐고 여쭤보았더니 답변이 생각 외였다. 이것마저 안 피우면 정신이 없어서 담배라도 피워 정신 차리려고 피우신다는 것이었다. 그 말에 나는 차마 말릴 수가 없어서 그냥 피우게 하였다. 그런데 재떨이에 턴다는 것이 다른 데 털 때도 있어 항상 불날까 봐 주의가 필요했다.

이런 할아버지는 목욕만큼은 나에게 안 맡기고 꼭 부인한테 부탁하셨다. 그것이 할아버지에게 있어서 부인에게 표현할 수 있는 사랑의 표시였다. "내가 젊어서 좀 깝치고 다녔어. 그게 미안해." 잘해 주고 싶을 땐 병이 들어 못해 주니 마음이 안타까운 것이다. 그 할아버지는 그해에 돌아가셨다.

또 하루는, 어느 ○○○ 할아버지 돌보러 갔다가 딱 3일 일하고 그만두었다. 아들 부부가 공무원이었는데 이것은 할아버지 돌보러 간 것이 아니라 완전 파출부 일하는 것이었다. 정작 할아버지 돌볼 시간이 없는 것이다. 내 마음이 너무 안타까웠다.

센터에 와서 나는 그 집 일은 못하겠다고 했다. 결국 보낼 사람이 없어 복지사 선생님이 직접 가셨는데, 복지사 선생님이 하루 일하고 오시더니 "이것은 아니다."라고 말하셨다. 할아버지 케어가 우선인 우리 일은 없고 아들 부부가 어질러 놓은 산더미 같은 설거지며, 빨래며….

우리는 보호자들의 일거리를 하러 가는 도우미가 아닌데도 보호자들은 이 제도에 정말 너무 무지해 보였다. 그런 무지한 보호자들 때문에 정작 돌봄을 받지 못하는 대상자가 안타까웠다. 보호자의 인식이 달라졌으면 좋겠다. 대상자가 먼저고 그다음 시간 날 때 나머지 일은 요양보호사 재량인 것이다. 공단에서도 보호자 교육을 제대로 시켰으면 좋겠다.

김○○ 할머니를 돌볼 때이다. 복지사 선생님이 가서 일하다가 아니다 싶으면 그만두셔도 된다고 하였다. 얼마나 힘든 집인데 그런가 하고 가 보니, 좁은 평수는 아닌데 질서 없이 화분을 늘어나 제대로 다닐 수가 없었다. 집안 정리부터 하고 화분을 제대로 놓으니 집 안도 넓어지고 예뻐졌다. 할아버지가 좋아하셨다.

아들 며느리가 2층에서 살고 손자가 1명 있었다. 며느리는 직장에 다녀 그만둘 때까지 얼굴을 한 번도 못 봤다. 할머니는 당뇨로 발가락을 절단하여 휠체어로 움직이셨다. 그리고 투석까지 하셨다. 많은 요양보호사를 써 보신 분이라 세상 말로 닳고 닳았다. 할아버지는 점잖으신 분이셨다. 할머니는 눈도 잘 안 보이시는데도 가정 일을 맘대로 휘두르며 군림하셨다. 할아버지 뜻대로 할 수 있는 것이 없었다.

씻겨 드릴 때는 발쪽은 감싸고 씻겨 드렸다. 투석을 새로 넣어 아직 실밥도 안 뽑았는데 어느 날 갑자기 퇴근 시간 10분 남았는데 통목욕을 원하셨다. 실밥을 안 뽑아 안 되고 닦아 드린다고 했는데 그럼 다른 요양보호사를 부른다고 하셨다. 그래도 머리라도 정성껏 감겨 드렸다. 감기 걸릴까 봐 다 말려 드리고 다른 분 쓰시라고 말하고 2층 아들한테 얘기했다. 대상자가 원하지 않으면 더 모실 수가 없다.

어느 날은 깍두기 한다고 무를 한 다라 뽑아 가지고 아들이 갖다 놓았다. 김장 수준이었다. "할머니, 이렇게 많이는 요양보호사가 하는 일이 아니에요."라고 말하니, 할머니는 "내가 하지." 하면서 하지도 못하시면서 어깃장을 놓았다. 일 시키는 데 수준급이었다. 해 드리기는 하였어도 아닌 것은 아니었다.

공단에 가서 이런 대상자와 보호자들의 태도에 대해 항의를 하기도 했다. 그만두고 그 이튿날, 할아버지가 센터로 오시더니 나를 다시 보내 달라고 하시고 가셨다. 다른 일은 해 달라고 하면 해 주면 되지만 몸만큼(실밥도 뽑지 않은 상태에 목욕을 해 주는 것 등은 의료적으로도 위험한 상황을 초래할 수 있는 일 등)은 아닌 것 해 드리면 탈이 나서 안 해 드리는 것을 대상자가 이해 못할 때가 많다.

그 할머니 소문을 들으니, 한 달 더 사시고 가셨다. 참으로 안되었다. 다른 대상자를 돌보러 다니다 보면 할아버지를 어쩌다 한 번씩 마주쳐 인사를 한다. 정말 내 집 식구처럼 잘해 드리면 나중에 어디서 보아도 서로 반가운 것이다.

이○○ 할머니를 모시고 돌볼 때이다. 제일 오래 돌보았고 정도 제일 많이 들었다. 2년 6개월을 돌보았다. 처음에는 센터에서 요양보호사선생님들이 가지 않으니 나를 보낸 것이다. 내가 20번째로 가게 되어 마음을 단단히 먹고 갔다.

집은 2층인데 아래층엔 할머니와 할아버지가 사시고 2층엔 아들 식구들이 살았다. 요양사 선생님들이 가지 않은 이유가 답이 나왔다. 할머니도 까탈스럽고 할아버지는 한술 더 뜨시는 까다로운 분이셨다. 처음 할머니 인사할 때 "할머니, 안녕하세요. 할머니 모실 요양사예요. 잘 부탁드립니다." 했더니 "날 보러 왔으면서 뭘 잘 부탁해."

누워서 일어나시지도 않으셨다. 식사하실 때 일어나 앉으셔서 드시고, 소변볼 때 소변기에다 보시고 뒷물은 매일 한 번 볼 때마다 작은 수건으로 닦으셨다. 뒷물수건은 매일 모아서 한 번씩 손빨래를 했다. 일어나 걸을 생각을 안 하시고, 식사는 죽으로 사골곰탕은 끼니때마다 드셨다.

점점 기운이 없어 일어나시지도 못하고 누워만 계셨다. 체위 변경만 겨우 하셨다. "할머니, 밥을 드시면 일어나 걸을 수 있어요." 몇 번을 말씀드렸다. 어느 날 김밥이 드시고 싶다고 하셔서 할아버지가 사 오셨다. 누워서 드셨다. 그리고 정말 일어나셨다. 그때 휠체어에 타시게 하고 움직이게 해 드렸다.

할머니 점심은 해결되었지만, 할아버지 점심은 내가 난처했다. 할머니가 당뇨가 심해 인슐린을 맞으시고 의부증까지 있으셨다. 그래서 뭐든지 할머니 승낙을 받고 해 드렸다. "할아버지 점심 식사 차려 드릴까요, 말까요? 할머니 하라는 대로 해 드릴게요." 잠시 생각하시더니 "차려 줘야지." 하셨다. 할머니 식탁 옆에 휠체어로 앉아 계시게 하고 할아버지 식사를 챙겨 드렸다. 부모 같아서 안 챙겨 드릴 수가 없다. 몇 개월 정도 그렇게 하였더니 의심이 사라졌다.

그다음부터 워커 잡고 걷는 운동을 하시게 하고 다리에 근육이 생겨 계단에 난간을 설치하여 잡고 내려오시게 하였다. 마당에도 난간을 설치하여 걸을 수 있게 해 드렸다. 거의 일 년 가까이 되니 화장실도 가실 수 있게 되었다.

그다음에는 마음을 열어 대화도 되고 속에 쌓아 두었던 말도 하셨다. 이유는 할아버지한테 있었다. 여자는 남편이 바람피우면 표시는 안 나도 느낌으로 아는 것이다. 이제는 가족들과도 친분이 쌓이고 할아버지도 나를 믿고 맡기셨다.

어느 날 할머니께서 화장실에서 일을 보시고 저혈당 증세가 왔다. 나는 뒷물 준비하다가 돌아섰는데 갑자기 할머니가 넘어가니, 순간적으로 돌아섰을 때는 이미 늦어 이마가 불어났다. 얼른 눕히고 가족들한테 연락하고 센터에도 연락했다.

며느리가 와서 당뇨를 체크하고 소화제를 드리고 콜라를 드신 후 다시 일어나셨다. 나도 놀랐다. 이런 일은 처음이었으니까. 이마 불어난 곳에 알로에밤을 발라 드렸더니 퇴근할 무렵에는 다행히도 많이 가라앉았다. 할아버지가 나를 불러 물어보는 모습이, 온갖 인상을 쓰며 따졌다. 사실 그대로 대답했다. 며느리 얘기로는 그전에도 그런 일이 여러 번 있었다고 말했다.

서로 신뢰가 쌓이다 보니 된장을 담가 달라 하여 해 드린다고 했다. 요양보호사가 해 줄 수 있는 일이 아니지만 인정상 해 드리고 싶었고 "그 대신 할머니는 가족이 돌보아야 합니다."라고 말씀드렸다. 가족들의 확답을 받고 어느 날 날을 잡아 담가 드렸다.

할머니는 담그는 것 보라고 의자에 앉게 하시고 할아버지, 며느리, 딸까지 모두 구경을 하고 나는 버무리는 작업을 하고 있는데, 할머니가 갑자기 쓰러져 나는 "할머니 넘어가요."라고 말하는데 벌써 쓰러지셔서 얼굴에 상처가 났다. 거기에 대해서는 아무도 말을 하지 않았다. 본인들도 어쩔 수 없다는 것을 느낀 것이다. 본인들이 원해서 해 준 것이니 책임은 자신들이 져야 하는 것이 당연하다.

할머니 얼굴이 참 예쁘시지만 성격은 모가 많이 나서 매일 예쁘다고 칭찬해 주고 그것도 구체적으로 해 드렸더니 정말 성격이 완전 다른 모습으로 바뀌었다. 부정에서 긍정으로 바뀐 것이다. 본인도 아시는지 "그 전에는 내가 왜 그랬지?" 하셨다.

어느 날 할머니 집 앞 미장원에 머리를 커트하러 갔는데, 미장원원장님이 할머니 보더니 "이 할머니 욕쟁이 할머니였는데 어떻게 이렇게 바뀌었어요?" 하셨다. 나는 대답했다. "원래 할머니는 착하고 예뻤어요. 주위 환경 때문에 그랬지요." 나의 말에 원장님이 신기한 듯 바라보았다.

할머니를 매일 휠체어로 동네 한 바퀴를 돌며 구경시켜 드렸다. 어느 날 구경 잘하고 집 마당까지 들어와 난간을 잡고 걷는데, 다리가 풀리더니 주저앉으려고 하여 얼른 끌어안았다. 대문 밖에 지나는 분이 계셔서 소리 질러 도와 달라고 했더니 도와주셨다. 할머니 잠깐만 안아 주면 된다고 맡기고 얼른 냉장고에서 콜라를 꺼내 한 컵 할머니에게 마시게 했더니 1분도 안 되어 감쪽같이 돌아왔다. 도와주신 분이 어이가 없는지 "누가 안 보고 말하면 거짓말이라고 하겠어요."라고 말씀하셨다. 이제는 할머니 저혈당 대처에 노하우가 생긴 것이다.

어느 날 출근하는데 며느리에게서 전화가 왔다. 할머니를 오늘 요양원으로 모셨다고…. 전혀 얘기 없더니 조금은 서운했다. 미리 얘기라도 하시지.

할머니 집에 가서 내 물품을 챙겼다. 할아버지는 울고 계셨다. 위로하며 "할머니 나중에 집으로 모시고 오면 되지요."라고 했다. 할아버지를 모시고 막국수 사 드리고 집으로 모셔다 드렸다. 지금은 할머니를 요양원에서 집으로 모셨다고 할아버지가 연락을 주셨다. 그리고 가끔 안부전화를 주신다.

모든 사람은 똑같다. 우리 안에는 심령이라는 것이 있다. 가난한 사람이나 부자나, 건강한 사람이나 아픈 사람이나 마음은 똑같다. 대상자를 대할 때는 진실한 마음과 사랑을 갖고 진실되게 대하면 그 마음과 사랑은 통하게 되어 있다.

요양보호사라는 직업은 천한 것이 아니고 귀한 것이다. 아픈 대상자가 필요로 할 때 우리가 그들을 위해 도울 수 있는 직업을 가졌다는 것은 고귀한 것이다. 아무나 하는 것이 아니다. 요양보호사 실습 때 센터에서 실습생을 내게 많이 보냈다. 나는 묻는다. "정말 이 일을 하실 거예요?" 그 질문에 한다고 대답하는 분만 제대로 실습을 시켰다.

요양일은 대상자의 눈높이에 맞추어야 된다. 살아온 문화와 환경이 다 다르기 때문이다. 그리고 사람들이 좋아하는 일이 아니다. 질병으로 인한 고통으로 이기적으로 변하고 고집스러운 노인을 대하는 무척 힘든 일이기 때문에 자격증만 있지 일하시는 분은 10분의 1이다.

가족분들도 이해를 많이 하셔야 된다. 내가 못하는 것을 도와주시는 분들에게 고맙게 생각해야 된다. 방문요양 일을 하다 보면 교육받는 대로 원리원칙대로 되지 않는 경우가 많다. 특히 청소가 그렇다. 대상자 계신 곳만 하면 우리도 좋지만, 집안을 왔다 갔다 움직이다 보면 먼지들이 곳곳에 묻어 다녀서 나는 청소를 다 한다. 혼자서는 청소도 하지 못하는 대상자와 그를 돌보는 노쇠한 배우자들을 보면 어떻게 대상자 방과 거실만 청소할 수 있나?

이것이 바로 집에서 이루어지는 방문요양센터에서의 현실이다. 원칙을 지키자니 너무 매정하고 정에 이끌려 해 드리다 보면 당연하게 생각하는 보호자들이 있기 때문이다. 이렇게 교육받은 것과 실제로 현장에서 요양을 하다 보면 이론과 실제의 괴리감을 많이 느끼게 된다.

이러한 요양보호사들의 현실을 공단에서도 이해하고 그 고충을 해결하기 위해서 노력해 주시길 바란다. 특히 불합리한 요양보호사 외의 업무를 요구하는 대상자와 보호자들에 대한 법적인 제재가 제도적으로 생길 수 있도록 노력해 주길 바란다.

[경력 10년 이상 요양보호사 B님]

요양보호사로 일을 한 지 벌써 10년 이상이라는 세월이 흘렀다. 그동안 많은 분들을 케어하면서 나는 내가 원하지 않아서 대상자를 떠난 적이 단 한 번도 없다. 대상자분들이 돌아가시거나 요양원을 입소하게 되어 나와의 인연이 끊어지기 전까지 나는 나의 의지로 요양을 중단한 적도 없다. 내가 마음에 안 들거나 불만이 있어서 내가 싫다고 하면 어쩔 수 없는 일이지만, 나는 항상 나에게 맡겨진 어르신들에게 최선을 다한다.

주위 요양보호사님들의 이야기를 들으면 나는 마음이 아플 때가 많다. 그것은 바로 어르신들이 원하는 사람이 아닌, 내가 원하는 어르신들만 찾는다는 것이다. 비교적 케어하기 수월한 4등급의 어르신들만 찾는다고 하니 그럼 나머지 분들은 누가 케어한단 말인가!

우리는 요양보호사자격증을 취득할 때 대상자를 선별하지 않는다는 직업윤리적 원칙을 교육받는다. 그럼에도 일을 하고 세월이 지나면 그 원칙들을 잊어버리는 듯하다. 누구나 초심을 지키기는 쉽지 않겠지만 질병으로 가난으로 힘들고 열악한 대상자들에게는 더욱더 큰 사랑과 애정을 보여 주는 선생님들이 되길 부탁드리고 싶다.

나는 센터에서 일하면서 나에게 주어진 어르신들을 하나님께서 주신 선물이라고 생각하고 그 뜻에 따라 최선을 다해 케어해 드린다. 냄새가 난다고 더럽다고 가난하다고 열악한 집이라고 해서 단 한 번도 거절하지 않는다. 또 나는 항상 기도드린다. 내가 원하는 분이 아닌, 그분들이 나를 간절히 원하는 곳으로 가게 해 달라고 기도드리고 있다.

그리고 요양을 하다 보니 나에게도 힘든 점은 있다. 그것은 신체적으로 아픈 분들보다 치매를 앓고 있는 분들을 케어하기가 쉽지 않다는 것이다. 치매 대상자분들 중에서도 성격이 강하고 폭력적인 분들이 계신데, 그분들은 자신이 원하는 대로 되지 않으면 심한 욕설을 하거나 침을 뱉고 명령적인 요구를 하는 경우가 많다.

정말 세상에서 듣도 보도 못한 욕설을 들을 때면 '질병 때문에 그런 것이겠지.' 하고 이해하지만, 가끔은 그런 취급을 받는 내가 서글퍼질 때도 있다. 이럴 때 보호자들의 격려와 고맙다는 말을 들으면 힘을 얻게 되지만, 오히려 나를 비난하거나 불평을 말하면 간혹 이 직업을 가진 것에 대해 회의감을 느끼기도 한다.

그렇지만 요양보호사란 직업. 단점보다는 장점이 더 많다고 말해 주고 싶다. 어르신들의 소중한 마지막 삶을 함께할 수 있다는 것이 얼마나 아름다운 직업인가. 부족한 내가 누군가를 돕고 살펴 드리면서 그분들의 삶에 큰 희망과 도움이 된다는 것에 나는 항상 자부심을 갖고 나에게 이런 고귀한 일을 할 수 있도록 인도해 주신 하나님께 감사드린다.

[경력 10년 이상 요양보호사 C님]

우리 센터 사회복지사 선생님은 항상 나에게 "어르신들을 케어하느라 얼마나 힘드세요? 감사드려요, 고맙습니다."라는 말을 수시로 하신다. 나는 그 말에 우리의 직업이니 어르신께 최선을 다하는 것은 당연한 것이라고 말씀드린다.

맞다. 아프고 힘든 상태에 계신 어르신들을 돌보고 애정을 다해서 케어해 드리는 것이 우리의 직업인 것이다. 일을 하다 보면 보호자들과의 문제로 때로는 오해가 생기고 힘든 점도 있지만, 그런 보호자들도 안을 수 있는 도량을 가져야 한다. 대상자들뿐만 아니라 환자를 돌보는 보호자들 또한 그 정신적 · 신체적 고통도 만만치 않기 때문에 굉장히 예민해져 있는 경우가 많기 때문이다.

우리는 요양보호사 교육을 받을 때 대상자만 케어하고 그분이 계신 곳만 관리하면 된다고 하지만, 대상자의 집에서 일하다 보면 보호자들과의 관계도 중요하다. 때로는 보호자와의 관계가 틀어져서 문제가 생기고 요양이 중단되는 경우도 있으므로 우리는 대상자뿐 아니라 그를 둘러싼 가족이라는 환경과 원만한 관계를 유지하도록 노력해야 한다.

그리고 요양을 하다 보면 경제적으로 부유한 분도 계시지만 어르신과 보호자 모두 경제적으로 힘든 분들을 만나게 된다. 이런 경우에는 많은 케어 시간이 필요하여 요양 시간 외에도 사비로 충당을 해야 하는 부분이 많다. 공휴일에도 요양이 필요하여 사비로 일을 할 때 사비 외에도 공휴일 수당까지 합쳐서 받아야 하지만, 나는 돈이 없어서 힘들어하는 분들께 차마 공휴일가산금까지 사비로 받을 수 없었다.

내가 일한 대가를 정당하게 받아야 하지만 경제적으로 열악한 분들을 마주 대하노라면 나는 다른 요양사님들이 받는 시간당 사비보다도 훨씬 적게 받았다. 그래서 요양보호사라는 직업은 봉사라는 정신이 없으면 힘들다는 것이다. 우리가 일한 대가를 정당하게 받아야하는 것은 중요하지만 때로는 이런 변수도 있을 수 있으니 대상자에 대한 애정이 없고 봉사정신이 없는 분들은 하기 힘든 직업이라고 말할 수 있다.

그리고 나는 그동안 치매 환자를 많이 돌봐 왔다. 나는 그분들을 돌보면서 한 번도 그분들이 싫다거나 밉다고 생각한 적이 없다. 치매로 인해 고집을 부려도 투정을 보여도 그 모습들이 다 귀엽고 예쁘게만 보였다.

어떻게 치매 노인들이 예쁘고 귀여울 수 있냐고 말할 수 있겠지만 나는 그냥 모든 어르신들이 예쁘고 사랑스럽다. 그 이유를 묻는다면 나는 답할 수 없다. 사람이 사람을 사랑하는 것에 어떤 이유가 있을까! 만약 이유가 있다면 오히려 그것이 이상한 것이다. 나의 타고난 운명이라고 해야 할까! 나는 이 일을 하기 위해서 태어났나 보다.

요양보호사라는 직업. 어르신들을 이해하고 사랑하는 마음은 교육만으로는 단련시킬 수 없다. 원래부터 사람을 사랑하는 사람들이 요양보호사라는 직업을 택하게 되는 것은 아닐까. 나는 이렇게 생각한다.

[경력 5년 이상 요양보호사 D님]

오늘도 나는 아침에 눈뜨면서 하루 시작을 '어떻게 하면 어떻게 하면 잘 지낼 수 있을까?' 고민하고 생각하면서 일어나고 길을 나선다. '이 어르신에게는 어떤 음식을 드려서 맛있게 드시게 할까? 이 어르신은 약을 어떻게 하면 잘 받아 드시게 하고 식사를 잘하실 수 있도록 할 수 있을까?'에 대해서 생각하고 또 생각하며 집을 나선다.

내가 요양보호사자격증을 취득하여 어르신들을 만난 지 벌써 5년차, 처음 시작은 설렘, 두근거림, 어설픔, 낯섦으로 시작하여 어르신과 서로를 맞춰 가는 과정을 거치면서 내가 스스로 깨달은 것은 진심은 통한다는 진리였다. 사랑과 애정이라는 아름다운 마음을 품고 어르신들을 진심으로 대하고 정성을 다해 케어하면 아무리 성격이 모나고 치매 환자라서 처음에는 우리를 거부하시는 분들도 우리의 진실된 마음을 마음으로 느끼고 우리를 받아들인다.

그렇게 어르신들을 대하다 보니 나의 시어머니, 친정어머니를 대하듯 이해하며 안쓰러운 마음, 측은지심으로 어르신들과 하루하루 정을 쌓아 가고 있다. 내가 케어하는 어머니들은 참으로 많은 고난과 역경, 고통, 인내로 그 인생을 살아오고 버텨오신 분들이었다.

유년 시절 새어머니에게 모질게 구박받고 시집을 왔으나 그 시집환경조차 척박하여 또다시 힘들게 살아오시고, 노년에는 갑작스럽게 남편과 자식을 먼저 떠나보냈으니 그 고난의 연속인 인생과 마음의 한이 얼마나 크실까?

또 한 어머니는 시집을 가고 나서 얼마 안 되어 한센병이라는 병을 얻고 바로 시집 사람들에게 버림받고 쫓겨나듯 나와 한평생을 한과 고난으로 살아오신 분이니, 그 마음의 병이 얼마나 클지 상상이 되지 않는다.

그 시절 대한민국이라는 힘없고 가난한 나라에서 태어나 자신의 의지대로 할 수 있었던 것이 아무것도 없었던 어머니들의 인생이 너무나 가엽고 안쓰럽게 느껴진다. 세상 말로 정말이지 책을 쓴다면 몇 십 권도 나올 만한 인생들이었다. 그런 인생살이를 어머니들께 들을 때마다 짠해지는 마음에 나도 모르게 그 감정에 동요되고 만다.

70대 중반이신 치매 어머니는 보살펴 드린 지 5년차인데 지금은 여든이 되셨다. 이 어머니는 자신의 살림살이를 남이 건드리는 것을 무척 싫어하므로 그것에 대한 주의사항을 사회복지사님에게 듣고 그 점에 주의하면서 보살펴 드리기 시작하였다.

5등급 대상자이므로 인지활동을 해야 하는데 처음에는 순순히 잘 따라 주시고 약도 드리면 잘 받아 드셨다. 식사는 본인이 챙겨 드신다고 해서 당연히 잘 드시는 줄 알았는데 방문한 지 일주일 정도 지나고 나서 주방을 둘러보니 식사한 흔적도 없고 음식을 만들어 드시는 것 같지도 않았다. 그래서 그때부터 이 어머니의 식사와 약은 내가 무슨 일이 있어도 꼭 챙겨 드려야겠다는 신념으로 지금껏 함께하고 있다.

청소 외 일체 어떤 활동도 허락하지 않으시는 어머니와 난 매일을 첩보작전을 짜듯 우렁각시가 되어 몰래 청소와 식사 준비를 해야 했다. 이런 매일이 나에게는 큰 숙제이고 과제였다. 어느 날은 내가 배고파서 먹으려고 한다고 핑계를 댔다가, 어느 날은 반찬이 맛있는 게 있어서 갖고 와서 같이 먹으려고 한다고 했다.

매번 살림에 손도 못 대게 역정을 내는 어머니를 어르고 달래서 어떻게든 식사를 드시게 해야 했으니까 이런 매일이 힘들고 버거울 때도 있었다. 그래도 맛있게 드셔 주시면 그동안의 힘듦은 눈 녹듯 사라지고 마냥 즐겁고 보람되었다.

그렇게 함께한 어머니께서 어느 날부터 전혀 못 드시고 한 달은 거의 밥알도 안 드시고 마시는 영양식으로만 하루하루를 보내실 때면, 별별 안 좋은 생각에 불안해서 보호자께도 상태를 보고하고 복지사님과도 상의하고 그러기를 몇몇 고비를 넘기면서 다시 또 식사를 하시는 일들이 반복되었다.

치매 상태가 점점 더 진행되면서 그에 따른 어머니의 시시각각 변화되는 모습, 악화되는 모습을 보면서 나는 두려울 때가 많다. 이러다 정말로 집에서는 더 이상 계시지 못하는 날이 올까 봐 그것이 안타깝다. 수십 년을 살아온 집에서 임종할 때까지 계시는 것이 어르신들의 모든 소망인데, 그것마저 잃게 될까 그것이 너무 마음 아프다.

요즘 어르신은 내가 방문하면 "어서 와요, 오랜만이네.", "뭘 또 이런 걸 갖고 왔어.", "왜 날 자꾸 먹이려고 갖고 와." 이런 말씀을 하신다. 치매 상태가 악화되어 하루에 한 번 오는 나를 알아보지 못하면서도 자신을 도와주러 보고 싶어서 온다는 것을 알기에 항상 반갑게 맞아 주신다. 기억은 잊어도 자신을 향해 쏟아부은 따뜻함의 느낌은 느끼고 몸이 기억하기 때문이다.

치매 중증 이상이 되었어도 어머니는 도리에 어긋나는 말과 행동은 하지 않는다. 상대방에게 깍듯하고 예의 바르고 정이 넘친다. 아무것도 대접하지 못하는 자신 때문에 항상 미안해하고 나의 푸념과 투정을 다 들어 주신다. 치매 환자는 지극히 정상적이면서도 어느 다른 영역에서 문제가 생겨서 특정 부분의 일들을 수행하지 못한다. 그러므로 치매 환자를 아무것도 못하는 사람처럼 대하지 말아야 한다.

어머니와 함께하는 세 시간 동안 나는 무엇이라도 드시게 하려고 30분 간격으로 마실 것과 드실 것을 챙겨 드린다. 기억이 흐려지고 인지적 문제가 생기면서 냉장고 안에서 반찬을 찾아 밥을 드시는 것, 밥통에 쌀을 넣어서 밥을 하는 일 등 일반인들이 보면 너무나 간단한 일들을 하지 못하신다. 자녀분들도 매번 찾아와 챙겨 드릴 수 없으니 나는 어머니에게 식사와 약을 꼭 챙겨 드려야 하는 강한 책임감과 사명감을 느낀다.

요즘은 예전보다는 당신의 영역에서 나에게 조금은 관대해지고 있어서 다행이지만, 혹시 이런 현상이 치매의 정도가 더 나빠져서 나타나는 증상이 아닐까 하고 나 나름대로 생각하니 어머니가 그저 안됐고 더 잘해 드리고 싶다.

이런 다정한 어머니께서 화내고 행동변화가 있을 때가 있는데, 약을 드릴 때와 자존심에 큰 상처를 입었을 때다. 치매는 이런 좋은 어머니를 이렇게 욕을 하고 폭력적으로 변화시키기도 한다. 이런 치매 증상이 나타날 때는 내가 밉고 싫어서가 아니라 질병 때문이라고 이해하면 모두 용서할 수 있다.

어머니는 나와 복지사님을 그냥 도우미 아줌마로 알고 있다. 요양보호사면 어떻고 사회복지사면 어떻고 도우미 아줌마면 어떤가! 이 제도에 대해서 알지도 못하고 알 수도 없는 어머니에게 요양사님이니 선생님이니 그렇게 불러 달라고 하는 것이 더 이상한 것이다. 나를, 복지사님을 도우미 아줌마로 알아도 우리가 어머니의 삶에 희망을 주고 도움이 되었다면 그것만으로도 우리는 진심으로 감사하다.

[경력 10년 이상 요양보호사 E님]

우리는 우리에게 맡겨진 어르신들을 위해서 정말 정성을 다해서 케어해 드린다. 입맛이 떨어진 어머니께 어떤 음식을 해서 드리면 입맛이 돌아오려나. 허리가 아픈 어머니께 오늘은 따뜻하게 온찜질을 하면 통증이 조금은 나아지려나. 어떤 이야기를 해서 조금 마음의 위로가 되고 기분이 좋아질까? 오랜 세월을 함께해 온 분이니 그분의 얼굴 표정, 걷는 모습만 봐도 건강이 나쁜지 좋은지 금방 알 수 있다. 그래서 아프면 함께 아파하고 좋아지면 나의 일처럼 기뻐한다.

그런데 나의 이런 마음과 사랑은 짝사랑일까? 나는 가끔 이런 생각을 한다. 왜냐하면 나도 나이가 적은 나이가 아니다 보니 가끔은 허리며 어깨며 무릎이 아플 때가 있다. 그럴 때면 병원에 갈 일도 있고 주사를 맞기도 하고 집에서 끙끙 앓기도 하고 요양을 빠지기도 한다. 그러나 그러면서도 어머니에 대한 걱정이 앞서 그런 몸을 이끌고 일을 하러 간다.

그런데 어머니와 보호자들의 행동은 예상외다. 그래도 긴 세월을 함께해 온 사람인데 몸은 어떠냐고 묻지도 않고 오늘 할 일만을 얘기하신다. 그럴 때면 그동안 내가 해 온 일들에 공허함과 허탈함을 느끼곤 한다. 물론 그분들에게 대가나 생색을 내려는 마음은 없다. 그렇지만 따뜻한 말 한마디라도 해 주었으면 좋을 텐데. 우리는 대상자나 보호자들의 말 한마디에 힘을 얻기도 회의감을 느끼기도 한다.

사람을 들였으니 일을 시켜야겠다는 생각보다는 이것도 귀한 인연이니 서로가 아프면 마음의 위로를 하고 상의를 해서 끝까지 좋은 관계로 이어 나가고 끝맺음도 아름답게 헤어졌으면 좋겠다.

[경력 8년 이상 요양보호사 F님]

내가 케어했던 어머니는 근골격계 질환이 너무 심해서 진통제가 아니면 통증을 이겨 내지 못하시는 분이었다. 게다가 기질도 까다로워 집 안의 모든 것이 제자리에 있어야 하고 질서정연하게 한 치의 틀어짐도 없어야 하는 분이다. 강박증이 있는지 바닥에 먼지 하나 머리카락 하나도 떨어져 있어도 견디지 못하고 그 몸으로 기어서라도 롤러로 청소하고 다니셨다.

당연히 가족들과의 사이도 좋지 않아 서로를 소 닭 보듯이 하고 살고 있는 가정이었다. 옆에 있는 남편도, 같은 지역에 살고 있는 자녀들도 어머니가 아프다고 해도 응급상황이 생겨 입원을 하는 일이 있어도 아무도 수속을 밟아 주지 않아 내가 다 함께하곤 했었다.

이런 일들을 보고 겪으면서 '이것은 아니다.'라는 생각이 들었다. 공적인 돌봄, 즉 우리는 이 어머니에 있어서 보충적인 역할인 것이다. 아무리 우리에게 자신들의 부모님을 맡겼어도 제1차적인 책임은 그분들에게 있는 것이다.

그리고 보호자로서 자신들이 할 일은 스스로 할 수 있는 사람들이 되었으면 좋겠다. 독거노인도 보호자가 열악한 상황도 아닌 가정에서 응급상황 시 어떻게 해야 하는지 어떤 대책도 제시하지 않고 우리에게만 모든 것을 떠넘기는 그런 비상식적인 행동은 이해할 수가 없었다. 오히려 센터 사회복지사님과 함께 대책을 마련하고 해결하려고 발을 동동 구르는 그런 우스운 일들이 벌어진다니 어이가 없는 일이다.

아무의 관심도 못 받는 상황에 놓인 어머니가 너무 안쓰러워서 차마 그 상황을 피하지 못해 병원을 동행하면서 함께했지만, 자신들의 부모님은 본인들이 책임져야 함을 잊지 않았으면 좋겠다. 어르신들의 돌봄에 있어서 그 돌봄은 우리만의 일이 아니다. 요양보호사인 우리, 센터, 보호자들이 모두 함께 어르신들의 문제에 대해 소통하고 서로의 의견을 공유할 때, 훨씬 더 좋은 돌봄이 이루어질 것이다.

방문요양센터
보호자분들이 들려주는 이야기

나는 보호자들과도 상담을 많이 한다. 사회복지사의 생각, 요양보호사의 생각도 중요하지만 보호자들의 생각도 중요하다고 생각하여 평소 상담 중 나누었던 보호자분들의 의견도 올리게 되었다.

[보호자 A님]

저희 친정어머니는 치매 환자입니다. 그리고 도둑망상과 의심 증상이 아주 심한 분인데, 저희 어머니께서 이렇게 된 데는 결정적인 사건이 있습니다. 다름 아닌 전 센터에서 오셨던 요양보호사님 때문입니다.

그 요양보호사님은 치매 증상까지 있으신 고령의 어머니에게 스마트폰을 보호자의 동의도 없이 마음대로 해 드렸습니다. 전화기만 받고 거는 단순한 방법만 아시는 어머니께 많은 기능과 작동하기 힘든 터치 기능은 필요도 없었고 사용하지도 못하는데도 선생님은 어머니를 모시고 대리점에 가서 스마트폰을 해 드렸습니다.

이렇게 무용지물이 된 스마트폰을 반납하는데 그 위약금을 다 물었고, 사용하지도 못하는 스마트폰을 집에 두었는데 선생님이 그만두면서 그 폰을 마음대로 가지고 가서 연락도 하지 않았습니다. 그 후 어머니는 방문하시는 모든 선생님을 도둑이라고 의심하는 증상이 더 심해졌습니다. 이 책임을 누구에게 물어야 하나요? 물론 그분의 인격에 문제가 있다고 생각하지만, 센터에서는 이런 일이 다시는 일어나지 않도록 철저한 교육을 했으면 합니다.

지금 현재 저희 어머니를 돌보시는 선생님은 정말이지 성품이며 어머니를 이해하는 마음이 너무 좋아서 선생님이 그만두실까 조마조마합니다. 의심 증상과 치매 증상으로 힘들어하는 나에게 치매라는 질병을 이해시켜 주셔서 정말 많은 도움이 되고 감사합니다.

[보호자 B님]

간혹 요양보호사님께서 저희 친정아버지께 반말 섞인 말을 하는 경우가 있는데, 그것이 아버님에 대한 친근함으로 그럴 수도 있겠다고 이해하려 하다가도 종종 상처를 받기도 합니다.

치매 환자에 노쇠한 아버지를 보면서 자식으로서 속상하고 애잔한 마음에 항상 마음이 아픈데, 아무 생각 없이 반말을 하시는 요양사님을 보면서 나는 기분이 많이 언짢을 때가 있습니다. 나의 부모님이 치매 환자라서 아픈 병자라서 함부로 대하나 하는 속 좁은 생각이 들기도 합니다.

물론 요양사님의 진심은 그렇지 않을 거라고 생각하지만, 선생님들도 우리들의 이런 마음을 헤아리셔서 항상 존중하는 말투로 돌봐 드렸으면 합니다.

[보호자 C님]

친정아버님을 케어하러 오신 요양보호사님께서 그것으로도 고마운데, 우울증과 질병으로 고통을 받는 친정어머니의 마음까지 어루만져 주시니 정말 그 고마움을 표현할 길이 없습니다.

저희 친정어머니는 오랜 세월을 고된 시집살이를 하면서 마음의 병을 앓고 어디 딱히 하소연할 수 있는 곳도 없어 항상 우울해하였습니다. 그런데 요양사님이 오신 후로 어머니의 기분도 훨씬 좋아지고 병원 갈 일이 있으면 아버님 케어가 다 끝난 후에도 시간을 내서 어머니를 병원까지 동행해 주십니다. 아무런 대가도 없이 자발적으로 도움을 주시는 선생님께 감사합니다.

[보호자 D님]

저희 어머니는 치매 환자에 90대 고령이십니다. 치매 증상이 너무 심해서 요양원에 모실까 고민한 적도 많았습니다. 그런데 이렇게 어머니께서 오랜 세월을 저희 집에서 계실 수 있었던 것은 요양보호사님의 정성스럽고 진실된 돌봄 덕분입니다.

선생님이 아니었다면 저는 어머니의 케어에 지치고 힘들어서 감히 어머니를 집에서 돌볼 수 없었을 겁니다. 매일같이 대변을 방바닥이며 이불에 묻히는데도 한 번도 불평하거나 얼굴을 찡그린 적이 없습니다. 자식인 내가 보아도 냄새나고 도망가고 싶은 적이 한두 번도 아닌데 선생님은 어머니와 함께 식사도 하시면서 그렇게 한결같은 모습으로 돌봐 주셨습니다.

너무 감사합니다. 이런 분을 만날 수 있었다는 것이 저와 어머니에게는 정말 큰 선물이고 행운이라고 생각합니다.

[보호자 E님]

와상 환자인 우리 남편을 성심성의껏 정성을 다해 돌봐 주셨던 선생님께 감사합니다. 누워만 있고 말도 못하는 남편에게 인사도 나누고 계속해서 말도 해 주시는 선생님을 보면서 남편의 마지막 순간에 이런 인격을 가진 분을 우리 집에 보내 주신 복지사님께 감사드렸습니다.

요양병원에서 환자를 기계처럼 다루는 사람들과는 비교할 수조차 없는, 자신에게 맡겨진 환자를 인격적으로 대하고 살펴주신 선생님, 또 간병에 지친 나를 위로해 주는 선생님이 나는 너무 감사하였습니다. 보호자의 아픔에도 함께해 주셨던 그 선생님은 기독교인이었는데 행동으로 사랑을 베푸는 진실된 종교인이라고 생각했습니다.

[보호자 F님]

보호자들이 원하는 요양보호사님은 일을 완벽하게 하는 사람이 아니라, 조금은 부족하더라도 부모님들에게 애정을 갖고 부드러움으로 대하는 분입니다. 저희들이 부족하여 선생님들께 부모님을 맡기는 입장에서 늘 죄송하고 고마운 마음을 갖게 됩니다.

그동안 여러 분의 선생님들이 아버님을 돌보셨지만 모든 일에 완벽하고 집이 윤기가 날 정도로 깨끗해도 말투와 대하는 행동에서 인간미가 없고 너무 딱딱하고 기계적이라면, 저는 오히려 일적으로 조금 부족하더라도 인간적이고 다정한 분을 원합니다. 부모님들과 보호자들이 정작 원하는 것은 다정한 말 한마디와 사랑으로 대하는 눈빛입니다.

[보호자 G님]

뇌경색의 치매 환자인 가족을 요양사님께 맡기고 보호자로서 역할을 제대로 할 수 없는 우리들은 항상 죄인 같은 마음으로 어떤 불만이나 불평도 말하지 못하고 있습니다. 저희들의 말로 인해 괜한 오해가 생기고 요양사님이 바뀔까 봐 불안하고, 바뀌면 또다시 적응해야 하니 그것도 큰 부담감으로 다가오기 때문입니다. 대상자와 보호자들이 갑이 되어 갑질을 하는 사례가 많다고는 하지만, 때로는 요양사님도 우리에게 갑이고 우리가 을이 될 수도 있습니다.

그리고 요양사님은 혼자서 살아갈 수 있도록 대상자를 훈련시키고 가르치려고 하지만, 인지적으로 정상적이지 못한 치매 환자에게 그 모든 것이 가능했다면 이런 상태까지 되진 않았겠지요. 그래서 대상자가 상처와 자존감을 잃지 않는 선에서 일상생활 연습과 훈련도 해 주었으면 좋겠습니다.

대상자도 우리도 바라는 것은 따뜻한 말 한마디입니다. 당근은 없고 채찍만 있는 돌봄은 두렵고 무섭습니다. 질병을 앓고 있는 대상자들은 요양사님의 말 한마디에 희망을 느끼고 좌절도 느낄 수 있는 존재이기 때문입니다. 선생님들은 대상자가 위안을 받고 싶은 유일한 존재가 될 수도 있으니까요.

에필로그

어느 사회복지사의 기도

김 은 옥

당신이 만약

다른 종교를 배척하라 하시면

저는 당신의 그 뜻을 따르지 않겠습니다.

당신이 만약

다른 사람을 경멸하라 하시면

저는 당신의 그 뜻을 따르지 않겠습니다.

당신이 만약

권력과 힘에 기생하여 타협하는 삶을 살라 하시면

저는 당신의 그 뜻을 따르지 않겠습니다.

당신이 만약

사랑하는 삶보다는 이익을 얻는 삶을 살라 하시면

저는 당신의 그 뜻을 따르지 않겠습니다.

하지만, 당신이 만약

다른 종교를 포용하고 존중하라 하시면

저는 당신의 그 뜻을 기꺼이 따르겠습니다.

당신이 만약

다른 사람을 사랑으로 품으라 하시면

저는 당신의 그 뜻을 기꺼이 따르겠습니다.

당신이 만약

불의를 거부하고 정의로운 삶을 살라 하시면

저는 당신의 그 뜻을 기꺼이 따르겠습니다.

당신이 만약

가난하고 병들고 힘없는 이들을 위해 내 몸을 던지라 하시면

더없이 기쁜 마음으로 기꺼이 당신의 그 뜻을

온 영혼을 바쳐 따를 것입니다.